普天之下・盡是好書
普天出版家族
Popular Press Family
凌雲文創
A-Plus Creative Company

心理學家威廉・詹姆斯曾經寫道：「史上最偉大的發現就是：一件事情的好壞，可以藉由改變自己的應對態
決定。」
這是因爲，所謂的「好事」或「壞事」並不是由事情的本身來決定，而是由我們用什麼角度看待來決定，只
得用不同的角度來看事情，我們就會恍然發現，原來挫折也可以變轉折，我們避之唯恐不及的「壞事」，也
變成我們求之不得的「好事」。

改變心態，就能改變事情好壞

黎亦薰

用正面能量，改變事情發展方向

【出版序】

想改變事態，就必須先改變心態

唯有願意放開一切既定的成見與包袱，真正去了解別人的長處與優點，才能得到誠摯的情誼，也才能跳脫原本的罣礙。

哲學家叔本華曾寫道：「喜歡抱怨的人，總是帶著有色的眼鏡看人生，把所有的快樂都看成不快樂，就好比美酒一到充滿膽汁的口中也會變苦一樣。」

面對失敗、挫折，絕大多數人選擇抱怨和逃避，整天怪東怪西，怪別人、怪社會，怪命運、怪景氣，就是不肯靜下心來檢討自己。

帶著墨鏡看人生，人生當然一片黑暗。唯有放下怨懟的情緒，改變那些偏執的念頭，人生才會翻轉，出現不一樣的結果。

美國作家玫琳凱．艾施曾說過一個相當耐人尋味的故事。

二次大戰期間，一位原本居住在美國中部的婦女，因丈夫從軍，任務在身，必須駐防加州，於是她也跟著前往加州，住在靠近沙漠的營區裡。

營區生活條件很差，先生原本不願讓太太跟著一起吃苦，但是，做太太的堅持要一起去。最後，他們只好找一間靠近印第安村落的小木屋，安定下來。

當地的天氣悶熱難當，連勉強算是蔭涼的地方，也至少高達攝氏四十六度，熾熱的焚風，總是呼呼地刮個不停，漫天塵土到處飛揚，動不動就吃了滿口風沙。

由於驟然遠離自己熟悉的環境，來到人生地不熟的地方，身邊一個熟人也沒有，而且鄰居住的全是些不懂英語的印第安人，一旦丈夫必須外出，更因爲語言不通，只能自己關在屋裡，哪也不敢去，日子久了，她心裡實在難熬。

一次，丈夫又必須外出兩周參加部隊演習，獨自在家的妻子不禁備感寂

寞，忍不住寫信向母親抱怨說她要回家。

她很快地接到母親的回信，信中寫道：「有兩名囚犯從獄中望向窗外，一個看到的是泥巴，一個看到的是星星。」

她將母親的話看了又看，思索了許久，心想：「好吧！那我就試著去找星星吧。」

於是，她走出屋外，嘗試和鄰近的印第安鄰居交朋友，請他們教她如何編織和製陶。

印第安人熱情地接納了她，在印第安人的部落中，她找到了自己遺忘已久的快樂心情，得到了許多她不曾體會的感受。

她從此迷上了印第安的文化、歷史、語言……等種種有關印第安人的事物。不僅如此，她甚至還開始研究起沙漠來，很快地，這片原本被自己視爲荒涼之地的沙漠，竟也成爲她眼中最神奇迷人、充滿生氣的地方。

最後她成了沙漠專家，也出版了這方面的著作，她的生活過得比原先在中部時更加豐富多彩。

處事的態度總是取決於一念之間，悲觀的念頭，往往注定了悲觀的結果，使得自己沉浸在鬱鬱寡歡的境地，無形中喪失了前進的動力，忍不住就想退縮。

但是，若能轉念一想，以不同的角度出發，說不定反而尋覓到另外一片不同的風景。

你眼中看到的，是一地亂糟糟的稀泥，還是滿天閃爍的星斗？

改變看事情的角度，就會找到更好的出路。

生活周遭發生的許多大小事，往往暗藏著各種啟示。透過這些啟示，我們可以得到許多寶貴的經驗，當成開創幸福未來的智慧籌碼。只要能隨時修正觀看人事物的角度，往對的方向前進，自然而然就能到達自己想要擁有的未來。

歌德曾經寫道：「人生最大的快樂，並不在於最後佔有什麼，而在於追求什麼的過程。」

確實，真正的自在生活，並不是什麼也不做，而是能夠不在乎結果，依照自己的意志去做對生命有意義的事情，只有能夠把生命的過程和結果聯接起來的人，才是最幸福、最自在的人。

想要生活過得自在，必須先敞開真心，去接納他人。唯有願意放開一切既定的成見與包袱，真正去了解別人的長處與優點，才能得到誠摯的情誼，也才能跳脫原本的罣礙。

以尋覓星光的態度出發吧！至於滿地無謂的爛泥，不如就踩在腳底，拋在身後吧！

•本書是《改變念頭，就一定會改變結果》全新增訂版本，謹此說明

【PART1】善用智慧，才能佔盡優勢

達到目的的途徑絕對不只一條，善用智慧選擇一條適合自己的道路，方能事半功倍地走完全程。

PART 2

不能適應，就設法改變環境

當環境或工作流程不符合自己所願的時候，與其不停地埋怨，還不如費些心思在自己能力範圍內去謀求改變。

「PART3」

信念足以影響一生

赫胥黎說：「人生不是受環境支配，而是受思想擺佈。」心靈的力量是很驚人的，我們的心靈不只能夠左右我們的行為，更能主宰生命。

PART 4 忙碌，要忙得有價值

忙碌，要忙得有價值，不要常常讓自己沉浸在忙碌的情緒之中，最後模糊了自己的人生目標，成為一個走不回來的人。

「PART5」

輕視別人就是貶低自己

自我的價值是來自於自己的肯定，外在的名氣是眾人所給予的，今日得到了，他日就可能失去了，不然怎麼會有人說「虛名如浮雲」呢？

[PART 6]

與其消滅敵人，不如增加盟友

以時間換取空間，以不流血、不衝突的方式，無形之中，也能達成敵消我長的目的。

[PART7]

把優點放在別人看得到的地方

如果不能把自己的優點放在別人看得見的地方，那麼就很難會有出線的機會，因為，沒有做事的機會，又哪來成功的機會呢？

［PART 8］

心態決定你的未來

對於每日應做的工作，若能花費心思深入地去瞭解，仔細覺察其中奧妙的部分，說不定能因此產生興趣，強化自己的能力與自信。

【PART 9】奇蹟，來自智慧的累積

如果你認為事情只有一種處理方式，自然就只會依照常理去進行，但是，有時候腦筋稍微拐個彎，說不定就會有截然不同的發展。

【PART 10】

懂得感恩，做事才會認真

能夠對每一粒米都懷著感恩的心的人，面對任何的人事物一定都能用相當的誠心去處理，進而對所有的事物負責。

1. PART 善用智慧，才能佔盡優勢

達到目的的途徑絕對不只一條，
善用智慧選擇一條適合自己的道路，
方能事半功倍地走完全程。

充滿信心就能創造奇蹟

俄國作家謝得林說：「要在自己的心中培養對未來的理想，因為理想是一種特殊的陽光，沒有陽光賦予生命的作用，地球會變成石頭。」

古諺有云：「吾心信其可成，則無堅不摧。吾心信其不可成，則反掌折枝之易亦不成。」

只要你心中認為事情可以成功，那麼，就會以積極的態度面對，計劃實行起來一定得心應手。

相對的，如果猶豫畏縮、意志不堅，認為無法突破層層難關，那麼事情就可能真的無法成功了。

孔融當北海國宰相的時候，得知太史慈為了躲避戰禍帶著母親到了遼東，曾經幾次前去探望，令太史慈感到相當窩心。

後來，太史慈聽說孔融被黃巾賊包圍的消息後，立即從城門缺口處進入北海城中拜見孔融。

孔融請太史慈前去向劉備求救，但是，此時黃巾賊的包圍圈已經十分嚴密，難以突圍出城。

太史慈想了又想，終於心生一計，隨即率領兩名騎士攜帶箭囊，手持弓箭，騎馬出城。由於兩名騎士每人各帶著一百個箭靶，讓民眾大為驚訝，不知他葫蘆裡賣什麼藥。

太史慈逕自馳至城下的堤塹之內，命令兩名隨從插上箭靶，然後援弓勁射，箭射完之後隨即返回城內。

第二天，太史慈又帶兩名隨從到堤塹之內射箭。這樣一連進行了許多天，

圍城的黃巾賊對於他的舉動已習以爲常，不再費心防備，或坐或臥，甚至還有人倒地而睡。

又過了幾天，太史慈整理好行裝，草草進食以後，跨上坐騎，又馳至城下堤塹之內，突然快馬加鞭，衝出重圍。

等到圍城的黃巾賊發覺以後，太史慈已經奔馳了數里路程，最後他終於向劉備請來援兵，解除了孔融的圍城危機。

事在人爲，只要你具備智慧和勇氣，那麼不論什麼難事都難不倒你；只要你對自己充滿信心，那麼不論任務多艱鉅，你都可以積極完成；如果你懂得審時度勢，那麼再慓悍的敵人也困不住你。

有些心理學家認爲，意志的強弱，其實取決於自我的暗示，因爲大部分意志薄弱的人，往往都是由於心中存有「自己意志薄弱」的觀念，最後終於成爲一個意志不堅強的人。

我國作家謝得林曾經勉勵意志不堅的人設法改造自己，他說：「要在自己的心中培養對未來的理想，因為理想是一種特殊的陽光，沒有陽光賦予生命的作用，地球會變成石頭。」

只要信心堅強，就會對自己的未來充滿希望，有了希望就能夠找出突圍的方法創造奇蹟，就像太史慈一樣，儘管在黃巾賊嚴密包圍之下，仍然堅定地認爲自己能衝出重圍，最後終於化解危機。

以無所謂的心情面對失敗

松下幸之助曾說過：「即使在經濟不景氣的時候，優秀的商人仍可利用此機會做為發展事業的基礎。」

社會上有些外表衣冠楚楚的人，有時候會出乎我們意料之外的卑鄙，專門背地裡扯人後腿，或是做一些損人利己的勾當，讓別人面臨大大小小的危機，「防人之心不可無」這句話說得一點也不假。

然而，縱使沒有這些像蒼蠅一般揮之不去的小人，危機也同樣會降臨在每個人身上。

不過，危機和機會有時是息息相關的一體兩面，全看你用什麼心態去面

對，例如，一家公司的危機，說不定正是擴張業務的最佳機會。因爲，人往往在危險臨頭的時候，才能發揮驚人的爆發力，甚至因此出人頭地。

日本經營之神松下幸之助曾說過：「即使在經濟不景氣的時候，優秀的商人仍可利用此機會做為發展事業的基礎。」

昭和初期適逢全球性經濟恐慌，日本濱口內閣採取緊縮政策來抑制情況惡化，沒想到反而弄巧成拙，造成物價跌落，工廠產品緊縮，破產的公司不計其數，整個日本商業界都籠罩在經濟不景氣的陰影中搖搖欲墜。

松下電器公司自然也受到不景氣的影響，商品銷路銳減，堆積在倉庫中的貨品一天比一天多，公司高級職員提議以裁減員工、減少產量來緩和危局，但是松下幸之助並沒有進行裁員，僅是減低工廠的生產量，然後再盡全力將倉庫中的存貨銷售出去，以求渡過難關。

半年後，松下公司銷完了所有的存貨，並恢復全天制作業，再度進入全力

生產的鼎盛時期。藉著不景氣，松下幸之助反而擴展了他的事業！

人生不可能總是一帆風順，每個人都可能陷入低潮或遭遇失敗，只有遇到逆境之時仍然能保持信心的人，才是眞正具備成功特質的人。

成功的關鍵，永遠掌握在自己手中，只有用樂觀積極態度戰勝負面想法的人，才可能找到開啓入成功大門的鑰匙。

命運的轉變往往是瞬間的事，失敗很可能就是成功的契機，假如一個人不會因爲工作做不好或是遭到失敗而充滿挫折感，膽量自然會越變越大；遭遇困難的時候不再畏縮，成功率也就會相對地提高。

事實上，人假如能不在乎成敗，就會很沉著地勇往直前；以無所謂的心情做事，失敗的機會反而會減少。

就算很普通，也可以很成功

也許你沒有顯赫的家世背景，沒有令人羨慕的耀眼學歷，只要肯按部就班，默默耕耘，照樣可以出頭天。

人的聰明才智，其實是從比較而來的，比方說，甲比乙聰明、乙又比丙聰明……等等。我們還特地發明了智力測驗，目的是爲了測測我們聰不聰明，或者比別人聰明多少。

智商，這個做完智力測驗所獲得的數字，影響著許多人的一生，但我們可曾想過，這個數字究竟代表著什麼？

那些測驗題到底是誰或是憑據什麼選出來當題目的，爲什麼我們要讓它主

宰我們的人生？會做這些題目，就真的代表著比較聰明嗎？不會做的人，就真的一無可取嗎？

美國心理學博士艾薩克．阿西莫夫在部隊服役時，曾接受過一種全體士兵都參加的智力測驗，獲得了一百六十分的高分。

由於基地上從沒人有過這麼高的分數，而且平均標準値也才不過是一百分，於是他理所當然地被稱爲天才。

只不過，衆人的稱讚並沒有改變他的境遇。智力測驗後的第二天，他仍是一名普通士兵，最高職務也不過是擔任伙食值勤員，但那種天才的感覺卻是相當美妙的。

以後，他一生中一直得到這樣的高分，獲得許多人的尊敬，所以他有充足的理由相信自己非常聰明，同時希望別人也這樣看待自己。

然而，他也曾自問：「智商高意味著什麼呢？也許僅僅表示我很善於做智

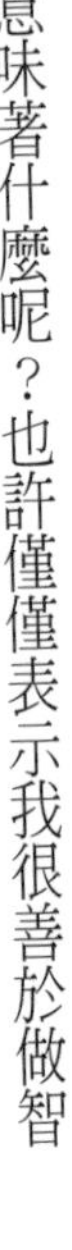

力測驗題，出題的人會不會可能只是智力類型和愛好都跟我類似的人罷了？他們編出來的題目，眞的能衡量出人的智力水準嗎？」

艾薩克．阿西莫夫還舉例說，有位汽車修理師，據他估計，不大可能在智商測驗中得到超過三十分的成績，所以，他不免想當然地認爲自己比他聰明得多。

然而，每當艾薩克的汽車出了毛病，就得急急忙忙地去找他，焦急地注視著他檢查汽車的每個部位，對他的分析如聆聽神諭般洗耳恭聽，而且他總是能把汽車修好。

他說：「那麼，如果讓這位修理師來主持智商測驗，或者由木匠、農夫等各行各業的任何一個人來設計題目，結果都會顯示我是一個笨蛋。如果不讓我使用從學院裡學習來的語言技巧，如果我不得不用雙手去做一些複雜而艱苦的工作……我肯定做得很差勁。」

由阿西莫夫的這些質疑，我們可以得出一個結論：智商並不是絕對的，它所評論出來的價值，並不代表著生命的全部。

智商測驗本來就是由一小部分人決定的，而且把標準強加於人們的身上，事實上每一種測驗都是如此。

接不接受這種世俗的價值標準，其實看個人。因爲，這個世界實在有太多的人定出太多的標準，有些人用財產的多寡作爲衡量標準，有些以朋友知交取勝……所以也不必因爲達到一兩項高標準就不可一世，或因爲幾項不合格而灰心喪志。

光就工作領域而言，所謂「聞道有先後，術業有專攻」，而隔行更如隔座山，沒有接觸的人就是門外漢，我想沒有人敢稱自己是全才萬事通吧？不要落得樣樣通、樣樣鬆就好。

有些人智商雖然高，可是EQ卻低得可憐，他們的生活不見得會過得比較快樂。

要尊重別人的專才，更相信自己的專業，因爲智商與成就其實沒有絕對關

聯的；平凡的人，也能夠展現非凡的力量。

俄國作家契訶夫曾說：「真正的成功者，經常是隱藏在普羅大眾之中，絕不擠向人前去露臉。」

也許你沒有顯赫的家世背景，沒有令人羨慕的耀眼學歷，更沒有一個富可敵國的老爸，但是，只要你肯按部就班，默默耕耘，將每一個挫折都當作成功的起點，就算你是一個普通的小人物，照樣可以出頭天。

堅守自己的人生原則

堅守自己的原則，猶如撐起一把堅固的傘，在面對人生路途上的風風雨雨時，至少還有一個抵擋的力量，可以幫助繼續你前進。

當你的信念遭受到強烈質疑的時候，你有沒有勇氣堅持自己的想法，是否能夠無論外界如何批評都不爲所動？

這個問題相信很多人都不敢肯定回答，畢竟「三人成虎」的例子比比皆是，只要別人聲勢大了些，自己便不自覺地勢弱了下來，最後甚至不禁會懷疑自己是否眞的錯得一塌糊塗。

然而，儘管事情的對錯，因爲立場不同，會有不同的答案，我們仍應謹守

「明辨是非，相信自己」的原則，如此才能無愧於心，不致懊惱後悔。

古希臘大哲學家蘇格拉底做到了這一點，更加突顯了他的偉大與睿智。

當時，蘇格拉底被當權者——雅典法庭判處了死刑，罪名是傳播異說、敗壞風俗、反對民主、違反城邦宗教，依法令要服毒自盡。

他曾經有機會逃走，但是他放棄了，因爲他堅持身爲公民必須守法。

臨刑之前，一個女人突然跑到他跟前，傷心地哭泣道：「我眞傷心，你什麼罪也沒犯，可他們就要處死你了。」

「傻大姐，」蘇格拉底笑著說：「難道妳希望我犯罪，淪爲一個眞正的罪犯死去才值得嗎？」

當蘇格拉底面對命運之中無法逃避的災厄時，他仍舊神色自若，仍然慷慨激昂地訴說自己的理念，仍然堅守著自己的人生原則，猶如烈士般，爲了自己的信念而慷慨赴義，不貪生苟且，只求無愧於心。

正因爲如此，死亡的陰影沒有辦法籠罩他的心靈，一身哲學家的風骨令後人感佩不已。

這樣一位以生命換取眞理的哲學家，以自己做爲教材，爲世人上了一堂有意義的課。

當然，有些人會對蘇格拉底這樣的行徑嗤之以鼻，畢竟「留得青山在，不怕沒柴燒」，人死了不就什麼都沒有了，更別說什麼信念不信念的，根本沒有實踐的機會。

但是，蘇格拉底值得後人尊敬的理由，在於他願意對自己的人生負責。他始終對自己充滿信心，願意爲了自己的理念而奮鬥，不斷地依循著自己所堅持的道路前進。不論前方有任何人、事、物阻礙，即使是死亡，也不能阻止他的腳步。

這是他無愧於自己的選擇，也是他對生命負責的執著。

每個人都有決定自己人生的自由，我們應該堅持的是，爲自己而活，爲自己所做的決定負責，並且無怨無悔。即便最後發現自己選擇的道路錯了，受到了懲處，也要甘願受罰，因爲，當初選擇不回頭的人，終究是自己。

是非對錯，會隨著立場的改變而有所不同，有時候，在當下看似錯誤的決定，經過時光的流轉，也許就是一項先進的想法，何必在別人的七嘴八舌裡過得進退兩難呢？

畢竟妄想討好所有的人，還不如相信自己就好。堅守自己的原則，猶如撐起一把堅固的傘，在面對人生路途上的風風雨雨時，至少還有一個抵擋的力量，可以幫助你繼續前進。

只要本事夠，不怕沒報酬

當你要求老闆「同工同酬」的時候，別忘了先衡量一下自己是不是真的做到同工，不然的話，這個「酬」，老闆是不會付的。

在工作職場中，各種競爭不斷，其中最令人在意的就是同工不同酬的問題。一旦員工發現自己和別人做相同的工作，薪水卻領得比別人少，很少人不會暗中跳腳，甚至找機會和老闆理論一番的。

可是，在理論之前，最好先冷靜地把事情再分析一次，確認自己的確理直氣壯，不落人把柄。

先看看下面這段故事吧！

有兩個年齡相同的年輕人，同時受僱於一家店鋪。剛開始，兩人拿的是同樣的薪水，可是，試用期過後，其中名叫阿諾德的小夥子青雲直上，而另一個叫布魯諾的小夥子卻始終停在原地踏步。

布魯諾對於這樣的結果相當不滿意，打從心底不服老闆的不公平待遇。有一天，他終於忍不住了，衝到老闆那兒狠狠地發了一頓牢騷。

「布魯諾先生，」老闆聽完他的抱怨，開口說話了：「請你現在到市集去一下，看看今天早上賣些什麼。」

布魯諾不明就裡，到市集上逛了一趟，回來向老闆匯報說，今早市集上有一個農人拉了一車馬鈴薯在叫賣。

「馬鈴薯？有多少？」老闆問。

布魯諾心裡一慌，連忙戴上帽子又跑回市集詢問，然後回來告訴老闆一共四十袋馬鈴薯。

「價格是多少？」

布魯諾又第三次跑到市集問價格。

「好了，」老闆對他說：「現在請你坐到這把椅子上，一句話也不要說，看看別人怎麼做。」

老闆叫來阿諾德，下了同樣的命令，要他到市場看看今天賣些什麼。

阿諾德很快地從市集回來了，向老闆匯報說到現在為止只有一個農人在賣馬鈴薯，一共四十袋，價格十分合理，馬鈴薯品質也不錯，他帶回來一個讓老闆看看。

阿諾德又說，他和這名農人談過之後，知道這名農人一個鐘頭以後還會再載幾箱紅柿來市集賣。他認為農人開的價格非常公道，加上昨天舖子裡的紅柿賣得差不多了，老闆肯定需要進一些貨，所以他不僅帶回了一個紅柿做樣品，還把那名農人也帶來了，正在外面等著交易呢。

老闆聽完了阿諾德報告後，轉身向布魯諾說：「現在，你知道為什麼阿諾德的薪水比你高了吧？」

員工當然有權利要求老闆給予合理的待遇，但是站在老闆的立場，雖然知道「要馬兒會拉車，又要馬兒不吃草」是不可能的事，可是在吃同樣草料的馬匹中，跑得快、會拉車的當然是最好的，就算多吃幾口草也無妨，如果能夠一個抵三個用，那可就大大划算了。

沒有一個老闆不喜歡全方位的人才，好人才不只要能預設問題，主動尋求答案，甚至要能企劃未來。

像故事中的阿諾德，不只懂得舉一反三，更能善用自己的觀察力，將老闆可能的需求全都設想了一遍，還能爲老闆提供許多建議，所以，他只上市集一趟，就把所有的資料收齊，既省時又不費力。這些小小的動作看似微不足道，卻有著天差地別的成效。

只要本事夠，當然有本錢要求待遇，萬一老闆不識貨，大可「此處不留爺，自有留爺處」，到別處吃飯去，進可攻，退可守。

當你要求老闆「同工同酬」的時候，別忘了先衡量一下自己是不是真的做到同工，不然的話，這個「酬」老闆是不會付的。

只是，「揣測上意」這樣的事情還是要懂得適可而止，否則有時聰明反被聰明誤，沒能切中老闆的心，反而背上「畫蛇添足，多此一舉」的惡名，可就吃不了兜著走了。

善用智慧，才能佔盡優勢

達到目的的途徑絕對不只一條，善用智慧選擇一條適合自己的道路，方能事半功倍地走完全程。

做事的方法有很多，一味地埋頭苦幹，絕對不是成功的唯一因素，在這個競爭激烈的社會上，光是認眞還不夠，不懂得善用腦子，可能就得多走一段冤枉路了。

有一個地區，有兩個報童在賣同一分報紙，兩個人是競爭對手。

第一個報童很勤奮地工作，每天沿街叫賣，嗓門也很響亮，可是每天結算下來，賣出的報紙並不是很多，而且還有日漸減少的趨勢。

反觀第二個報童卻不同，他除了沿街叫賣外，還每天固定去一些場所，事先分發報紙給大家，表示過一會兒再來收錢。隨著地方越跑越熟，賣出去的報紙也就越來越多，當然，難免也會因為有些人看了報紙不肯付錢，而蒙受一些損耗，但相對來說比率很小。

漸漸地，第二個報童賣出的報紙愈來愈多，而第一個報童則銷售量日減，最後不得不另謀生路。

有位經營大師仔細研究第二個報童的做法，指出其中大有深意：

第一，在一個固定地區賣同一分報紙，客戶其實是有限的，也就是說，買了乙賣的報紙，就不會再向甲買。所以，乙先把報紙發出去，這些拿到報紙的人既然已經看了報紙，就肯定不會再向別人買，等於讓乙先占領了市場，乙發越多，對手的市場也就相對縮小。這無疑對競爭對手的利潤和信心都構成打擊。

第二，報紙屬於隨機性購買的產品，加上又有時效性，一般而言不會因品質問題而退貨，而且價錢不高，大家也不至於會看了不給錢，今天沒零錢，明天也會一塊兒給，總不會刻意欺負小孩子。

第三，即使有些人看了報，退報不給錢，也沒什麼關係。一則退回來的報紙只要狀況良好，還是可以轉賣給他人，二則這人已經看了報，肯定不會再向別人買報紙，還是自己的潛在客戶。

連賣報紙都可以有一番學問，更何況其他事物呢？只要對經手的事物投入一分苦心，終究會有所回報。

第二位報童懂得鞏固自己的勢力範圍，逐漸向對手的領地伸出觸角，再以預覽後售的策略，在打擊敵人的同時壯大自己的聲勢。

他除了仔細觀察產品的特色及顧客購買的特質，更不怕風險，以小利養大利，終於成功地佔領了絕大多數的市場。想買報紙的人，多半會記得這麼一位

賣報紙的聰明小孩，想要買報紙時，也多半會想起他，造成既定印象，這就達到了廣告的目的。

第一位報童的做法並沒有什麼錯誤，只是太過於保守，不懂得變通，當局勢被人改變的時候，就容易措手不及而被逼入絕境。

總而言之，金錢和機會都不會從天上掉下來，都是得靠自己去爭取。

保守的做法當然能保本，但相對的也就難有大獲利；小小的犧牲，有時候反而有不少意外的收穫，就像第二位報童損失了幾分報紙的收入，卻大幅地提高了市場的占有率，對他未來的銷售有了極大的助益。

達到目的的途徑絕對不只一條，善用智慧選擇一條適合自己的道路，方能事半功倍地走完全程。

設法提升自己的競爭力

發揮自己的長處，修正自己的短處，不要因為一時的情緒而在周遭樹立敵人，這才是真正的工作哲學。

在職場上難免會遇上和自己磁場不合的上司或下屬，兩者之間的爭執過烈的話，連工作也會受到影響。

許多人離職的原因，都是因爲人事上的不愉快。只是，這就像在玩大眼瞪小眼的遊戲，誰先把自己的目光移開，誰就先認輸了。

有一個人一直對於自己的工作環境相當不滿意，有天忿忿不平地向朋友抱怨：「我的上司一點也不把我放在眼裡，老是對我呼來喚去，改天我就要對他拍桌子，老子不幹了。」

他的朋友反問：「你對於公司的作業都完全弄清楚了嗎？他們在商際貿易上的操作訣竅，你完全弄通嗎？」

「我才去沒多久，哪搞得清楚？你知道嗎？他的態度實在太惡劣，真讓人受不了。」那個人始終平靜不下來。

「唉！君子報仇十年不晚，我勸你先好好地把他們的貿易技巧、商業事務和公司組織運作……等等全部弄清楚，最好連怎麼修理影印機的小故障都學會，然後再辭職，反正對你也沒什麼壞處。」

那個人終於聽從了朋友的建議，決定先耐住性子，默默記、偷偷學，甚至下班之後，也還留在辦公室研究自己不了解的問題。

一年之後，他的朋友再次偶然遇到他，兩人又談及此事：「你應該學得差不多了吧，可以準備拍桌子不幹了啊！」

那人囁嚅了一陣：「可是，我發現近半年來，老闆對我的態度有一百八十度的轉變，最近更常常把重要的事情交給我來處理，又是升職、又是加薪的，好像我已經成爲公司的紅人了！」

「我早料到了！」他的朋友笑著說：「當初你的老闆不重視你，是因爲你的能力不足，只知抱怨又不肯努力學習，後來你痛下苦功，擔當日鉅，當然會令他對你刮目相看。」

表面的好壞，有時不見得就是眞正的好或壞，如果從來沒有深入去瞭解、學習，或許根本就不會發現其中的奧妙及有趣之處，輕易地驟下斷言，只會使你失去了一次很重要的成長機會。

只知抱怨別人的態度，卻絲毫不反省自己的能力與做事的態度，這是人們常犯的毛病。

一拍兩散的結果，其實是雙方的損失，也是時間和精力的浪費。就像故事

中那位朋友建議的，利用公司作爲自己免費學習的地方，等所有的事務、技巧都學會了、弄懂了，再一走了之，不是既出了氣，又有許多收穫嗎？

不曾付出，有什麼權利去要求收穫？

如果下過功夫仍然毫無所得，那至少能確定自己是眞的不適合目前的工作，但如果只是一直在邊緣遊走，那麼永遠不會瞭解其中有什麼值得學習探討的事物，而上司也更永遠不會發現你的優點。

果眞如此的話，上司不過是失去了一名不稱職的助手，而你卻是失去了一個學習的機會，誰是輸家，其實顯而易見。

不如控制自己情緒，深入瞭解公司的運作狀況，吸收所有的優點，發掘唯有在這個工作環結才能知道的事物，將之熟練到無人能及的地步，那麼，老闆無論如何都會想留住你這個人才的。

發揮自己的長處，修正自己的短處，才能提升自己的競爭力，千萬不要因爲一時情緒而在周遭樹立敵人，這才是眞正的工作哲學。

要有別人模仿不來的胸懷

唯有真正的實力不容質疑，與其憤怒於別人的抄襲，不如以寬大的胸懷去接受別人眼中的自己，進而磨練出別人模仿不來的特質。

人，喜歡自己是獨一無二的個體，痛恨別人抄襲自己。

然而，吊詭的是，人也喜歡追求流行，喜歡和別人一樣，以免顯得落伍。特別是當偶像穿了什麼、吃了什麼、甚至做了什麼，似乎只要和他一樣，就覺得很光榮、很快樂。於是，滿街相似的鞋子、相似的背包、相似的髮型……

既然人們不喜歡被抄襲，那麼當發現自己被人模仿、甚至被複製時，心裡會有什麼樣的感受呢？

在藝術界有舉足輕重地位的名畫家畢卡索，曾經有過這麼一個經驗。

既然畢卡索是世界知名的繪畫大師，他的作品無論是畫作還是雕塑品，都是美術收藏家愛不釋手、爭相收藏的寶貝。也因爲他的作品價值及效益相當高，於是坊間出現了許多贗品，企圖蒙蔽藝術品鑑賞力不夠專精的收藏者。

仿冒者靠著贗品賺進了大把的鈔票，當然也就代表者畢卡索蒙受嚴重的損失。這樣的消息或多或少也傳進了畢卡索的耳裡。

然而，畢卡索對於有人仿冒他的作品一事絲毫不在乎，也從不追究，頂多只是把僞造的簽名塗掉罷了。有人對於他的做法相當不解，忍不住問他爲什麼這樣做。

畢卡索說：「作假畫的人，不是窮畫家就是老朋友。我是西班牙人，不能和老朋友爲難，窮畫家朋友們的日子也不好過，再說，那些鑑定眞跡的專家也要吃飯。畢卡索的假畫使許多人有飯吃，我也不算吃虧，爲什麼要追究呢？」

能有如此寬闊的胸襟，難怪可以成為大師。因為，畢卡索心裡明白，是因為自己的畫作有非凡的價値，才有人要費心力去仿作，而有了這些人的仿作無形中也更增加了原作的價値。

換句話說，唯有夠出名的人，會成為衆人模仿的對象。

如果，畢卡索只對自己眼前的利益有興趣，只在乎贗品讓自己的利益蒙受損失，而不是展現出自己的作品有著贗品模仿不來的品質與實力，那麼，他根本沒有生氣的立場。

因為，說不定當贗品的作者，將自己的實力展現在自己的作品上時，或許世界上就出現了另一位優秀的藝術家。

唯有眞正的實力不容質疑，所謂「眞金不怕火煉」，與其憤怒於別人的抄襲，不如以寬大的胸懷去接受別人眼中的自己，進而磨練出別人模仿不來的特質。

2. PART

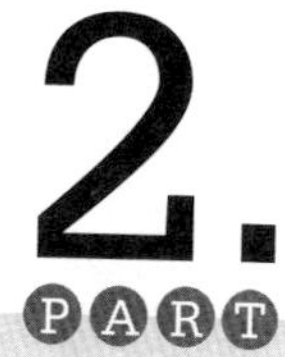

不能適應，就設法改變環境

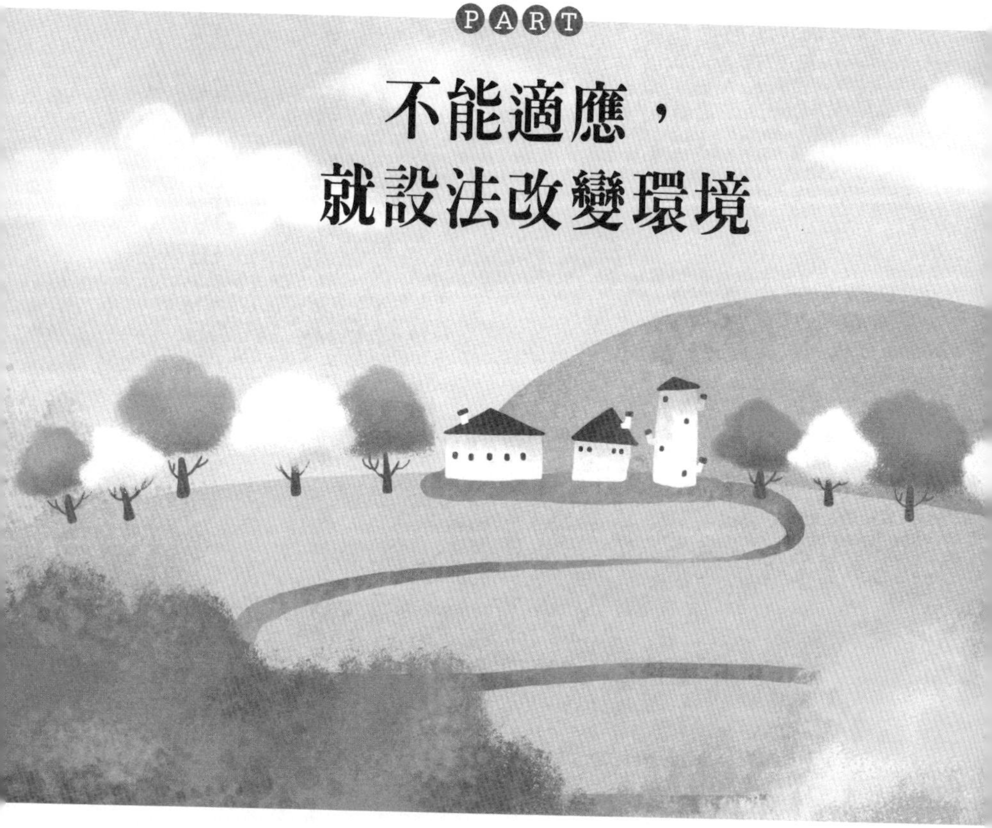

當環境或工作流程不符合自己所願的時候，
與其不停地埋怨，
還不如費些心思在自己能力範圍內去謀求改變。

時時保持思緒的流動

保持思緒的流動，就能增加心靈的柔軟度，也更能提升自己的競爭力，永遠不被時代淘汰。

一盆水，沒人去動它，或許可以維持長久時間平靜無波，但不會流動的水，最後只有發臭生蟲的下場。

然而，若是能將這盆水取來洗衣、煮飯，或是澆花、栽樹，都可以讓這盆水發揮更大的功用，重新回歸自然的循環、重新利用。

思想也是如此，人的思緒雖然無形，但是更需要保持流動，以免凝固不動，成爲死腦筋。

古羅馬皇帝哈德良手下有一位將軍，對於自己為國服務多年，卻始終未能受到重用，心裡感到相當不滿。

有一天，他終於鼓起勇氣來到皇帝面前，以他長久服役為理由，請求皇帝為他升官。

他說：「我參加過十次重要戰役，有這樣豐富的經驗，照理說我應該可以得到更高的官階，擔任更高的領導職位。」

然而，哈德良皇帝聽了，只是微笑地指著綁在周圍的戰驢說：「親愛的將軍，好好看這些驢子吧，牠們至少參加過二十次戰役，可是牠們仍然是驢子，教我如何為牠們升官呢？」

經驗與資歷固然重要，然而，並不是衡量能力與才華的唯一標準。有些人

或許有十年、二十年的經驗，但卻只是年復一年地重複著類似的工作，對於工作的內容固然很熟練，其實只不過是將一年的經驗，重複使用十次、二十次而已。

這樣的人，對於處理本身熟悉的工作，或許可以不出差錯，但這種看似無關緊要，其實是相當可怕的重複，已然阻礙了心靈的成長，扼殺了想像力與創造力，工作時間再長也只是依樣畫葫蘆，根本沒有辦法接受新事物。

一個人如果連腦子都僵化了，更別說可能會有什麼新想法。

哈德良皇帝善於選人用人，他深知這名將軍並沒有足以開創新局的能力，只想守住自己眼前的利益，是以多年下來，即使參加過十場重要的戰役，卻未能立下任何偉大的功勳。

一個人的價值，不在於他人的給予，而是來自於自己的追尋。

你認爲自己是個有價值的人嗎？你期望自己擁有什麼樣的價值呢？你或許得先問問自己，是否不斷地自我挑戰、不斷地追求新的領悟與學習新的知識？保持思緒的流動，就能增加心靈的柔軟度，也更能提升自己的競爭力，永遠不被時代淘汰。

千錯萬錯，都是別人的錯？

怪罪別人似乎可以讓自己好過一點，反正千錯萬錯都是別人的錯，沒人可怪的時候，就埋怨老天充數。

戰場上你來我往，勝負往往在轉眼之間即見分曉，而輸贏的關鍵很可能不過是一件看來沒什麼大不了的小事。

就讓我們來看看下面這個因爲小事而丟了政權的故事。

當亨利．里奇蒙德伯爵所帶領的軍隊正迎面撲來時，英格蘭國王理查三世

已準備好要出城拼死一戰了。因爲，這場戰鬥的勝負結果，將決定要由誰來統治英國。

決戰的當天早上，國王命令一名馬夫前去備妥自己最喜歡的戰馬，打算騎著愛馬出征，與敵人決一死戰。

馬夫飛快地跑到馬廄，才想起備戰的戰馬幾天前全移到鐵匠那兒補釘蹄鐵。於是，他又氣喘吁吁地跑到打鐵舖，卻發現國王最喜歡的那匹馬竟還沒釘上蹄鐵。

「快點給牠釘上！」馬夫連忙拉來馬匹對鐵匠說：「國王希望騎著牠上戰場。」

豈料，鐵匠卻回答：「你得等等，我前幾天才給全軍的馬匹都釘了鐵蹄，鐵片用光了，現在我還得再弄點兒鐵片來。」

「我等不及了。」馬夫不耐煩地叫道：「國王的敵人就快殺過來了，我們必須在戰場上給他們迎頭痛擊，有什麼你就用什麼吧。」

鐵匠不再多說，只好取來幾根鐵條，一一砸平、整形後，準備固定在馬蹄

上，當他釘妥了三個馬掌後，卻又發現釘子不夠。

「還缺一兩個釘子，」鐵匠說：「得再花點兒時間砸出兩個。」

「我都告訴過你等不及了，你還囉嗦什麼？」馬夫急切地說：「你聽，軍號已經在響了，你能不能隨便湊合湊合？」

「我還是可以把蹄鐵釘上，只是沒辦法像其他幾個那麼牢固。」

「能不能撐一陣子？」馬夫問。

「應該能，」鐵匠回答：「但我沒把握。」

「好吧，就這樣，能釘得住就成了！」馬夫叫道：「快點，要不然國王會怪罪到咱們倆頭上的。」

於是，兩個人就這麼隨隨便便交差了事。

兩軍陣前交鋒，理查國王領頭衝鋒陷陣，鞭策著士兵奮力迎戰。「衝啊，衝啊！」他高喊聲著，同時率領部隊衝向敵營。

遠遠地，他看見戰場另一頭幾個自己的士兵似乎退卻了，他擔心如果別人看見了，也會心生退意。於是，理查國王勒馬轉向，揚鞭策馬衝向那個缺口，

並頻頻呼喚士兵調頭戰鬥。

但是他還沒走到一半，一只鐵蹄突然掉了，戰馬絆了腳跌翻在地上，理查也被拋飛出去。

理查國王還來不及抓回韁繩，那匹驚恐的畜牲就跳起來逃走了。理查環顧四周，只見他的士兵紛紛轉身撤退，敵人的軍隊卻不斷層層地包圍了上來。

他憤而在空中揮舞寶劍，吼道：「這匹該死的馬，我的國家傾覆就因爲這匹馬！」

國王失去了馬駒，他的軍隊已經分崩離析，猶如一盤散沙，士兵們個個自顧不暇。落單的理查國王，很快地被敵軍俘獲，結束了這一場戰役。

這件事流傳開來，很多人都說，理查三世之所以兵敗被俘，全都是因爲少了一個馬蹄釘子。

然而，眞的是那個馬蹄釘子的錯嗎？怯弱的士兵、動作溫吞的鐵匠、莽撞

馬虎的馬夫，還有國王理查自己本身，難道都不該爲這場失敗的戰役負責嗎？

理查三世既然非得騎那匹馬不可，爲什麼不提早下令，讓馬夫事先準備，儘早檢查妥當？

馬夫既然知道國王必定要騎那匹戰馬，爲什麼在交接馬匹時不事先交代要先爲這匹戰馬上蹄鐵？而時間來不及又爲何不肯呈報國王更換馬匹？

鐵匠明知少了一個馬釘，可能使馬匹在奔馳時失足受傷，爲何不肯堅持把事情做好，反而同意馬虎了事？

種種的原因交互作用，使得這場戰爭吃了敗仗，既然結局是由衆人所譜寫而成的，那麼錯誤也該由所有的人承擔。

這個故事說明了，要一個人勇敢承認自己的錯誤，滋味實在過於苦澀難嚥，怪罪別人似乎可以讓自己好過一點，反正千錯萬錯都是別人的錯，沒人可怪的時候，就埋怨老天充數。

只不過，這些都於事無補，要能夠在失敗中記取教訓，重新整裝出發、捲土重來，才有機會改寫結局。

不能適應，就設法改變環境

當環境或工作流程不符合自己所願的時候，與其不停地埋怨，還不如費些心思在自己能力範圍內去謀求改變。

想要在這個競爭激烈的社會有所成就，必須明瞭每一個工作環境不同、工作的內容與性質不同，當然，對於工作品質的要求也有所差異。

更重要的是，要明白不一定每一個人都能得到自己夢想中的工作，因此來自於工作中的考驗，也就更爲劇烈。

許多年前，一個日本妙齡少女離開家鄉，來到位於東京的帝國酒店擔任服務生。這是她步入社會的第一分工作，也就是說，她將由此邁出人生的第一步，因此她暗自下定決心要認眞工作，好好表現一番。

可是，她萬萬沒有想到在分配工作時，主管竟然安排她洗廁所！

清洗廁所的工作沒人愛做，又髒又臭、清除穢物的感覺更令人難以忍受。少女自幼受到家人的呵護，沒做過粗重、卑微的工作，每天上班對她來說，無疑就是一場場折磨的開始。

每當她白皙細嫩的手，得拿著刷子、抹布刷洗一個個馬桶，她的胃就立刻「造反」，忍不住頻頻作嘔，可偏偏就吐不出來，實在難受極了。

主管對她的工作要求是：要把馬桶擦得光潔如新。她當然明白「光潔如新」是什麼意思，但說的容易，做起來可就難如登天，她連進廁所清潔都覺得勉強了，更不用說要把馬桶擦得光潔。

於是，才沒過多久，她就忍不住想打退堂鼓了。她覺得自己一點也不適合這個工作，說不定一點也不適合在東京生活，每天的日子過得既痛苦又灰暗，

了無生氣。

然而，在她幾乎要放棄的時候，她又不禁回頭想起，當初要東京來時的雄心壯志，難道就要因爲這麼一點打擊就抹滅殆盡嗎？

愈想愈不甘心，她決定再拼一次，就不信自己做不到，於是，她主動向單位裡的一位前輩請教。

前輩聽了她的抱怨與困擾，沒有多說什麼，只是帶著她來到她工作的那間廁所，提來水桶和抹布，從上到下、裡裡外外，一遍又一遍仔細刷洗，直到看不見一絲髒污。

最後，那位前輩竟然拿起水杯，從馬桶中舀了一杯水，毫不猶豫地仰頭喝了下去。那一剎那間，少女震撼極了，原來，這才是光潔如新。

她看得目瞪口呆，恍然大悟：「就算一生注定要洗廁所，也要設法做一名最出色的洗廁所名人！」

這番啓示讓這名少女養成了敬業、專業的精神，幾十年後，她已高居日本政府郵政大臣之位，她的名字叫野田聖子。

日本人相當重視名人，設計了許多電視節目，塑造了各行各業的名人工作者，他們的每一項專門技藝，都讓坐在電視機前面的觀衆感到讚嘆與佩服。當然，這並不代表只有日本人最厲害，而是他們尊重專業的態度，使得每一位工作者樂意投入自己的工作領域，追求頂尖與卓越，以自己的工作爲榮。

要做就做到最好，否則不如不做，只要心之所向，什麼事都辦得到。

遇事多看光明面，能夠提振自己的信心，增添了成功的希望。相反的，遇事只看黑暗面，非但一開始就產生了排斥心理，動力全失，失敗的機率也會因而大增。

若能夠以自己的方式來樂愛工作，就能夠消除許多因爲不順遂而帶來的心理影響。

因此，當環境或工作流程不符合自己所願的時候，與其不停地埋怨，還不如費些心思在自己能力範圍內去謀求改變。人生最大的障礙，其實是自己。

不妨以遊戲的態度面對工作

誰說工作不得兒戲？遊戲中的種種闖關與解謎的挑戰，其實與工作的本質相去不遠。

工作對不同的人來說，其實有著不同的意義，有些人覺得工作只是爲了餬口，有些人則視爲成就感的原動力。然而，每個人面對工作的態度，其實對於自己情緒有極大的影響，也自然而然地影響到工作的成效。

一九六五年，美國作家卡菲瑞曾在西雅圖的景嶺學校圖書館擔任管理員。

圖書館的工作既繁雜又瑣碎，總是讓人忙不過來，卡菲瑞常想，如果能多個人手來幫忙，也是件不錯的事。

一天，一位同事推薦了一位四年級的學生自願前來圖書館幫忙。

不久，來了一個看起來瘦瘦小小的男孩子，卡菲瑞先簡單地向他說明了基本的圖書分類法，然後要求他把書架上放錯位置的書找出來，再放回該放的地方。

小男孩眼中透出奕奕的光采問：「就好像當偵探一樣嗎？」

卡菲瑞聽了不禁莞爾，故作正經地回答：「沒錯。」

只見小男孩立刻在書架迷宮中來回穿梭著，很認眞地確認書架上的每一本書籍，不過才到午休時間，他就已經找出了三本放錯地方的圖書，並歸回正確的書架上。

第二天他更是一大早就來了，如同前一天一樣，興味盎然地沈浸在書海中，就好似一位偵探般，仔細地抽絲剝繭，企圖從中找出一絲絲的線索。

一天的工作結束，小男孩正式地請求卡菲瑞，讓他成爲一名圖書管理員，

而他也正式地得到這一分工作。

然而，經過了兩個星期，卡菲瑞受邀到小男孩家裡晚餐，卻意外聽到小男孩的母親表示他們即將要搬到附近住宅區的消息，至於小男孩在圖書館的工作也得被迫中止。

當小男孩知道自己不得不轉校後，不禁擔心地說：「我走了的話，那麼誰來整理那些排錯隊的書呢？」

小男孩煩惱的表情一直記掛在卡菲瑞的心裡。

但沒過多久，小男孩的身影竟又在圖書館門口出現了。他欣喜地告訴卡菲瑞，因爲新學校的圖書館不肯讓學生在裡面工作，所以最後他的母親終於答應讓他轉回原來的學校，每天由爸爸開車送他上學。

「如果爸爸不肯載我來，那我就自己走路來。」小男孩堅定的眼神，閃耀著光采。

卡菲瑞當時即心裡有數，這個如此有決心毅力的小傢伙，將來作爲必不可小覷。但是，他卻萬萬沒料到，這名小男孩不只大有作爲，更成爲資訊時代的

天才，創建了左右世界趨勢的微軟公司。他就是比爾．蓋茲。

你會以什麼樣的態度來面對你的工作？是不得不做，還是姑且爲之？比爾．蓋茲假想自己是一名偵探，於是原本可能枯燥乏味的工作，立刻變成一種好玩的遊戲，讓他玩得不亦樂乎；而且這一玩還玩出了興趣，當年圖書管理的經驗還成爲他日後發展的推手之一。

誰說工作不得兒戲？遊戲中的種種闖關與解謎的挑戰，其實與工作的本質相去不遠，以遊戲的態度投入工作，說不定能因爲感受到其中樂趣，反而更加形成一股迎向成功的推力。

善意的謊言，不說不行

真相當然只有一個，但是有時善意的謊言卻可能才是力挽狂瀾的良策。

還記得一部電影嗎？電影中一張嘴能將死的說成活的律師，爲求官司順利說起謊來面不改色，最後因爲兒子許願要他一天不得說謊只能說眞話，結果引來一籮筐的麻煩，生活頓時天翻地覆。

當然，說謊不是一件好事，可是，有一些謊卻不說不行。

以「不愛江山愛美人」而聲名大噪的溫莎公爵，曾有過這麼一個鮮爲人知的小故事。

有一次，英國王室於倫敦舉行晚宴，招待多位來自印度當地的貴賓，以期促進英印之間的友好關係，保障英國在印度當地的種種商業利益。這場晚宴，安排交由當時還只是皇太子的溫莎公爵負責主持。

宴會中，達官貴人們觥籌交錯，賓客相談甚歡，氣氛頗爲融洽。可是，就在宴會快要結束時，侍者爲每一位客人端來了洗手盤，來自印度客人們並不清楚洗手盤的作用，看著精巧的銀盤，盛著清徹晶亮的水，竟端起來一飲而盡。

這個舉動看得席間作陪的英國貴族們個個目瞪口呆，不知如何是好，一時間氣氛尷尬極了，大家只好紛紛把目光投向主持人。

只見溫莎公爵神色自若，同客人一般端起自己面前的洗手盤，一飲而盡，絲毫不以爲意，依然與客人談笑風生。

大家看了，愣了一下，隨即跟著紛紛仿效，本來可能會造成難堪與尷尬的危機，頃刻間化爲烏有，宴會維持了原本的和諧氣氛圓滿結束，也得到了預期的效果。

突如其來的危機，往往會讓人一時心慌而難以招架，如果不能沉著應對，事情砸鍋便成了最壞的結果。

英國人著重表面工夫，對於禮節更是吹毛求疵，印度人從來沒見識過英國皇室的餐桌禮儀，會出錯也是在所難免；若直接上前指正，不只客人覺得丟臉尷尬，主人也不見得掛得住面子，最後必定兩敗俱傷，不歡而散。

反觀溫莎公爵冷靜的做法，化危機為轉機，或許不合禮節，但此舉顧全了主賓彼此的顏面，熱絡了現場的氣氛，順利地達成預期的目的，可說是一次成功的社交模式。

真相當然只有一個，但是有時候，善意的謊言卻可能才是力挽狂瀾的最佳良策。「說實話」確實是一種良好的品性，但是在錯誤的時機裡，「實話」可能反而是殺傷力強大的致命武器。

創造自己的競爭優勢

做生意的策略，絕非一成不變，只要能掌握人棄我取的方法，看準了時機場合，要坐享奇貨可居的優勢，並非難事。

第一名誰不想當？但是，第一名的位置只有一個，衆人爭搶的資源也相當有限，想要勝出，一定得經過一番激烈爭鬥，才能見眞章。

可是，有些人卻能眞正了解自己的能力與特質，懂得從車馬喧嘩的大道旁，走出一條獨具風味的羊腸小徑。

十九世紀中葉，美國加州傳來發現金礦的消息。一時間這股淘金熱潮，襲捲了世界各地，許多人都想把握這個千載難逢的機會，於是爭相動身前往加州，盼望一圓坐擁金山的美夢。

一名十七歲的小農夫亞默爾也加入了這支龐大淘金隊伍的行列。他歷盡了千辛萬苦，終於抵達了淘金聖地——加州。

淘金夢是美麗的，然而卻也是容易幻滅的，隨著越來越多的人蜂擁而至，轉眼間彷彿遍地都是淘金者，人多金少，可想而知，金子是越來越難淘了。有時辛苦了大半天，連粒金渣子都瞧不見。

不但金子難淘，生活條件也越來越艱苦。金礦區不只氣候乾燥，而且水源奇缺，許多不幸的淘金者非但沒有辦法一圓發財夢，反倒因爲生活環境不良，結果生病或飲食不足而客死異鄉。

亞默爾來到加州後，也和大多數人一樣，沒發現半點黃金，反而飽受飢渴折磨，痛苦得不得了。一天，他望著水袋中僅剩下一點點捨不得喝的水，聽著周圍人不斷地抱怨缺水的痛苦，忽發奇想：「淘金的希望實在太渺茫了，既然

大家都缺水，不如我來賣水，說不定還有點賺頭。」

心隨意動，於是亞默爾毅然放棄尋找金礦，改將手中的挖礦工具拿來挖掘水渠，從遠方將河水引入掘好的水池，再以細沙過濾一番，終於得到清涼可口的飲用水。

亞默爾將水裝進桶裡，挑到礦區的山谷中，一壺一壺地賣給前來尋找金礦的人。

當時，有人嘲笑亞默爾，說他胸無大志：「千辛萬苦地趕到加州來，不想挖金子發大財，卻幹起這種蠅頭小利的小買賣，光這點小生意就滿足的話，何必跑到這裡來！」

然而，亞默爾絲毫不爲所動，繼續賣他的水。結果，大多數淘金者都空手而歸，而亞默爾卻在很短的時間裡，光賣水就賺到六千美元，這在當時已是一筆非常可觀的財富了。

做生意的策略，絕非一成不變，只要能掌握人棄我取的方法，看準了時機場合，要坐享奇貨可居的優勢，並非難事。

水，雖然是隨處可見、毫不起眼，但卻是人人不可或缺的生命元素；亞默爾只要挖好了渠道，就有源源不絕的水源，幾乎稱得上是不用本錢的無本生意了，更何況只有他一人賣水，搶得了先機，當然大發利市。

想要爭搶龍頭大位，若沒有頂尖的本事，是一點競爭力也沒有的，即使投注了再多的時間與精力，可能還是免不了要看人數鈔票。反倒是不受重視的第二名、第三名，不但風險小一點，說不定還有更多發展的空間。

或許和挖到金礦的幸運兒相比，亞默爾的獲利根本不值一提，但他能在穩定中求生存，比起那些耗盡心力仍執迷不悟的人，反而得到了更多。

秉持信念是最好的投資

而羅斯．史麥爾茲曾說：「除非你能為那些永遠無法回報你的人盡些心力，否則即使你賺了錢，你的生活也不完美。」

查理斯．杜德雷．華納曾說：「生命中最美麗的報酬之一是：人在誠心地幫助別人的同時，也幫助了自己。」

幫助別人應該是快樂的事，應該是不勉強的事，應該是發自內心的事，應該是心中堅持的信念。

當然，受人恩惠，更應知恩圖報，時時牢記在心。

以下就是一個關於感恩和回報的故事。

弗萊明是一個窮苦的蘇格蘭農夫。有一天，當他在田裡工作時，忽然聽到附近泥沼裡有人發出求救的哭喊聲，於是他連忙放下農具，跑到泥沼邊，發現一個小孩即將滅頂。

弗萊明立刻伸出援手，把這個瀕臨溺斃的小孩從死亡邊緣救了出來。

隔天，農夫家門前停了一輛豪華的馬車，車上下來了一位優雅的紳士。他自我介紹說是那名被救小孩的父親，也是上議院的議員。

紳士說：「我要報答你，感謝你解救了我孩子的生命。」

農夫說：「救人是天經地義的事，我不能因救你的小孩而接受報酬。」

一個堅持表達謝意，一個則堅持不受，兩人一時僵持不下。就在這時，農夫的兒子走進茅屋。

紳士問道：「這是你的兒子嗎？」

農夫很驕傲地回答說：「是。」

紳士說：「好，那麼讓我們來訂個協議，請你將他交給我，我會讓他接受良好的教育，他將來一定會成爲一位令你驕傲的人。」

農夫答應了。在這位紳士悉心培育下，後來農夫的兒子從聖瑪利亞醫學院畢業，並成爲舉世聞名的弗萊明．亞歷山大爵士，也是盤尼西林的發明者。他於一九四四年受封爵位，並且得到諾貝爾獎，果然成爲令父親驕傲的人。

數年後，紳士的兒子不幸染上了肺炎，救活他是什麼呢？

答案是盤尼西林。或許你會好奇，那名紳士究竟是誰呢？

他是英國著名政治家丘吉爾爵士的父親。

羅斯．史麥爾茲曾說：「除非你能為那些永遠無法回報你的人盡些心力，否則即使你賺了錢，你的生活也不完美。」

佛家說「施比受更有福」，強調發自內心，主動幫助別人將爲自己帶來更多的福氣。

農夫弗萊明是個質樸的鄉下人，認爲對的事就應該毫不遲疑地去做；他並非因爲那名小孩是上議院議員之子才伸出援手，而是秉持著自己的信念，不忍見一個年幼的性命因此喪生。也因爲如此，他堅持婉拒紳士丘吉爾的謝禮。

農夫的表現，令紳士佩服，於是他決定投資在農夫的孩子身上。這不只是因爲他希望酬謝農夫，也不只是因爲他有能力爲這個孩子打開一扇未來的窗，更因爲他相信「有其父必有其子」。

事實證明，他的眼光沒有看錯，他提供給弗萊明的「報酬」，最後自己也獲得了回報，同時也爲更多人帶來希望。

王牌最好留著慢點出

以美麗的假象欺騙別人，終究會被人撕破面具，但是以實力層層包裝，則會讓人覺得貨真價實。

生活是一場賭注，手上的籌碼越多，獲勝的機率越大；當然，如果操作錯誤，也很有可能落得全盤皆輸的下場。重點在於，要保留自己手上的王牌，等時機到了再出，才能穩操勝券。

有一位留美的電腦博士，畢業後在美國找工作，結果竟接連碰壁，許多家

公司都將這位博士拒之門外。爲什麼這樣高的學歷，這樣吃香的行業，卻找不到一分工作呢？他始終想不透。

在萬般無奈之下，他決定換一種方法試試。

他收起了所有的學位證明，以最低身分再去求職。很快地，他就被一家電腦公司錄用，做一名最基層的程式操作人員，不過，即使是一分簡單的工作，他也做得兢兢業業，一絲不苟。

沒過多久，上司就發現了他的出衆才華，因爲他居然能一眼看出程式中的錯誤，這絕非一般操作人員所能做得到的。

在上司的詢問下，他亮出了自己的學士證書，很快地，他就被調換到一個與大學畢業生相對等的工作單位。

過了一段時間，老闆發現他不但在新的崗位上游刃有餘，還能提出不少有價值的建議，這比一般大學生高明，這時他才亮出自己的碩士學歷，老闆又提升了他。

有了前兩次的經驗，老闆也比較注意觀察他，發現他還是比碩士水準高出

許多，對專業知識的廣度與深度都非常人可比。這時，他拿出博士學位證明，老闆才恍然大悟，立刻毫不猶豫地重用了他，因爲老闆已對他的學識、能力及敬業精神有了全面了解。

現在的世代，經歷重於學歷，因爲太多能力與學力不相當的人濫竽充數了，使得一般的企業越來越少只看文憑就任用的狀況，而是要經過重重的測驗與觀察，才能適才重用。

一般來說，應屆畢業生最爲人詬病的就是沒有足夠的實務經驗，只有滿腔的理論，說起來頭頭是道，但實際遇上問題，卻不見得能馬上著手妥善處理。可能基於這種疑慮，所以這名博士遍尋不著工作機會。

難能可貴的是，他願意從基層做起，在自己的工作崗位上盡心盡力，以工作表現來代替學歷。

由於他本身的專業知識足夠，了解事物的原理以及可能發生的問題所在，

所以做起事來比別人事半功倍，更可以看出一般同職者所不了解的地方，當然顯得突出且引人注目。

而當他亮出自己的王牌時，別人已經對他的實力有所肯定，自然也不會懷疑他的學歷是否是草包證書，這時候王牌才發揮了真正的加分效用。

以美麗的假象欺騙別人，終究會被人撕破面具，但是以實力層層包裝，則會讓人覺得貨眞價實，而願意賦予信任。

改變說話方式，就能創造優勢

給別人充分的選擇空間，能讓人感覺受到無比的尊重，無形中也能獲得對方的充分信任，進而爭取到更大的利益，不聲不響就奪得先機。

話人人會說，但是要把話說得漂亮又能打動人心，就不是每個人都做得到的了。

其實，說話的技巧並不是難如登天、遙不可及，有時只要切入焦點和語氣態度稍稍改變，就能夠得到不同的結果，這就是雙贏的溝通。

有兩家賣粥的小店，左邊這家和右邊那家每天光顧的顧客人數其實相差不多，但是每天晚上結算盈收的時候，左邊這家店總是比右邊那家店多出幾百來元，而且幾乎天天如此。

有人感到好奇，兩家的手藝差不多，所用的材料也大同小異，爲什麼會有這樣的差異發生？

仔細觀察兩家小店做生意的方法，右邊的粥店，當客人上門，店員便微笑著歡迎，爲客人盛好一碗粥，同時問道：「加不加雞蛋？」如果客人說加，她就加了一個雞蛋。

每一位進來的顧客，店員總要問上一句：「加不加雞蛋？」有說加的，也有說不加的，大概各占一半左右。

而反觀左邊的小店，店員同樣以燦爛的笑容迎接客人，爲客人盛好一碗粥。同樣地也問客人一個問題，可是他們問的是：「加一個雞蛋，還是加兩個雞蛋？」

每進來一個顧客，店員都問一句：「加一個雞蛋，還是加兩個雞蛋？」結

果，愛吃雞蛋的就要求加兩個，不愛吃的就說加一個。當然，也有要求不加的，但是很少。

於是，一天下來，左邊這家小店自然就比右邊那家多賣出很多雞蛋。

大部分的人在面對是非題的時候，答案不是對，就是錯，沒有中間的答案。然而，面對選擇題時，卻往往會自然地從當中選出一個最接近自己想法的答案。

左邊的小店店員在問話之時，已經先越過了詢問顧客要不要加雞蛋的決定，而運用技巧，直接認爲顧客希望加雞蛋，而將顧客的選擇重點放在數量的多寡上。

只要顧客本身不討厭吃雞蛋，對餐點的價格又不斤斤計較，通常就會在兩個和一個中間選答案。

於是，不但客人感覺自己得到應有的尊重，而店家也成功地減少了不加雞蛋這個答案的可能性，自然所賣出的雞蛋數量，在無形中超出右邊小店所賣出

的數量。

給別人充分的選擇空間，能讓人感覺受到無比的尊重，無形中也能獲得對方的充分信任，進而爭取到更大的利益，不聲不響就奪得先機。

在日益激烈的市場競爭之中，多占一分優勢，就多一分勝利的契機。

3. PART

信念足以影響一生

赫胥黎說：「人生不是受環境支配，
而是受思想擺佈。」
心靈的力量是很驚人的，
我們的心靈不只能夠左右我們的行為，
更能主宰生命。

打開心眼就能克服恐懼

三島由紀夫強調：「人無論做什麼事都必須養成習慣，一旦習慣後，世界上任何事情都不值得畏懼了。」

日本名作家三島由紀夫在《行動學入門》裡鼓舞我們說：「閉上眼睛，大膽地行動吧！或許你會再三遭到失敗，但是時間一久自然會習慣，一旦習慣後，所有的不安和恐懼自然會消失無蹤。」

人們不論做什麼事，開始時總是會感到忐忑不安，一旦不安和恐懼的情緒升起，就會畏縮不前。但是一味退縮，不安和恐懼將永遠無法消除，唯有閉起肉眼、打開心眼，大膽地去做，才能克服心理的障礙，如此一來，橫阻於前的

障礙自然會消匿於無形……

日本最著名的劍客宮本武藏一生精研兵法，已經達到劍禪合一的境界。有一天，一個劍客前來拜訪宮本武藏，請他指點研究兵法的心得。

宮本武藏指著榻榻米的邊緣說：「如果有一座橋和這張榻榻米的邊緣一樣寬，距離地面六尺，你走得過去嗎？」

榻榻米的邊緣非常狹窄，這位劍客聽了之後搖搖頭。

「那麼，如果是三尺寬的橋，你能走過嗎？」

「可以，這太簡單了！」

「好，假如這座三尺寬的橋懸吊在兩座高山之間，下面是萬丈深淵，你是否也能走過呢？」

「不……」

「爲什麼？不是同一座三尺寬的橋嗎？」

「因為……」

當對方支支吾吾無言以對時，宮本武藏才透露自己精研兵法的心得：「有目而無眼，無目而有眼」，也就是面對恐懼的時候，要閉上造成自己恐懼的肉眼，打開「心眼」去看世間萬物，一個劍客唯有達到這種境界，才能成為第一流的劍客。

為什麼同樣的一座橋，位於平地的時候，人們可以輕鬆地走過，一旦懸吊在兩座高山之間就卻步不前了呢？

其實，這完全是由於視覺造成紛擾的雜念，使人心生膽怯的緣故，倘若能將這種恐懼心理或雜念去除，達到心靈的平靜，就能夠隨遇而安。

一般人見到腳下是萬丈深淵，都會不自主聯想到自己不小心失足墜落的情況，而在極度緊張的情況下產生恐懼的心理。這時，雖然心裡一再鼓舞自己這其實沒什麼，想要硬著頭皮走過去，但是雙腳就是不聽使喚，自然沒有膽量走

過那座橋了。

唯一的方法就是閉上肉眼、打開心眼，儘量保持平靜的心境，將自己從緊張、恐懼的情緒中解放出來。

我們不論做什麼事，如果要使自己的才智、力量充分發揮出來，最重要的是，要有一個平和安詳的心境。

三島由紀夫強調：「人無論做什麼事都必須養成習慣，一旦習慣後，世界上任何事情都不值得畏懼了。」

克服心中的畏懼，才是強者的人生哲學。的確，只要習慣了，任何不安和恐懼都會煙消雲散！

信念足以影響一生

赫胥黎說：「人生不是受環境支配，而是受思想擺佈。」心靈的力量是很驚人的，我們的心靈不只能夠左右我們的行為，更能主宰生命。

我們應該相信，我們擁有無限的可能性。

每一個人都有可能成爲英雄，當然也可能成爲庸碌的狗熊，差別就在於我們是否相信自己擁有最大的可能性。一念之間所做下的決定，結局可能是雲泥兩隔的差別。

一個嗜酒如命且毒癮很深的人，一次在酒吧裡因爲看一個侍者不順眼而犯下殺人罪，被判終身監禁。

他有兩個兒子，年齡相差一歲，當他們長大成人之後，其中一個與父親同樣毒癮甚重，依靠偷竊和勒索爲生，後來也因殺人而坐牢。

但另外一個兒子卻既不喝酒也未嗜毒，不僅有美滿的婚姻，養了三個可愛的孩子，還擁有一分穩定可靠的工作。

有人私下訪問他們，造成他們現狀的原因，想不到兩人的答案竟然相同：「有這樣的老子，我還能有什麼辦法？」

另外，有兩名年屆七十歲的老太太，其中一名認爲自己活到了這個年紀，已算是人生的盡頭，於是便開始準備料理後事，時時擔心死神不知什麼時候會上門來找她。這個老太太每天都活在無望和哀傷裡，自然精神萎靡，後來又因爲一點點併發症，就認爲自己已經沒救了，沒有好好調養的結果，果然沒多久就蒙主寵召了。

而另一位老太太卻認爲，一個人能做什麼事根本與年齡大小無關，而在於

個人的想法。她在七十歲高齡之際開始學習登山，而在往後的二十五年裡，不斷地冒險攀登高山，還曾以九十五歲高齡登上了日本的富士山，打破了攀登此山的最高年齡紀錄。

她就是著名的胡達．克魯斯老太太。

赫胥黎說：「人生不是受環境支配，而是受思想擺佈。」心靈的力量是很驚人的，我們的心靈不只能夠左右我們的行爲，更能主宰生命。就像第一個故事裡的兄弟，他們有著相同的成長背景、同樣冷酷無情的父親，糟糕至極的生活方式與生活環境，但是兩個人面對問題的心態不同，處理事情的方式也截然不同，他們的未來當然也就截然不同。

一個怨天怨地，放任自己同流合污，因爲有這樣的先天背景，大概很難跳脫命中註定的悲劇，於是他走上了父親的老路。而另一個卻認爲，自己有這樣的過去已經夠慘了，難道還要有同樣的未來嗎？所以，他拼盡全力要逃脫他原

本宿命，最後終於走出自己的一片藍天。

又如同第二個故事裡的兩位老太太，一個認爲人生七十古來稀，這樣的一生也就足夠了，髮禿齒搖，反正也沒辦法再做些什麼了，完全被消極的想法控制，生活過得灰暗極了，結局當然是拖著身體一步一步地走進棺材裡。

但另一位老太太，也就是胡達．克魯斯，卻絲毫不以爲年紀到了七十歲有什麼錯，所謂人生七十才開始，許多事情雖然是年輕人在做，卻不代表年紀大的人就不能參與。她以自己的信心與毅力，證實了即使年紀再大，還是可以開創出無窮的可能性。

莎士比亞曾說：「年齡不能表示人的老小，韶光推移，並不能使你自傷老大；誰能肯定八十歲不能朝氣蓬勃，十八歲不會暮氣沉沉。」

面對人生接踵而來的問題，不妨嘗試以正面的態度去迎擊，堅持自己的信念，相信自己有最大的可能性，就算不能立刻解決所有的問題，但至少能讓你冷靜下來，去觀察、去尋找有利的機會。

站在對方的立場上設想

想要得到致勝關鍵，就要先站在對方的立場上去設想，幾番沙盤推演下來，就容易掌握對方的心理，無論要是投其所好或要是請君入甕，都會輕鬆許多。

如果有一條商業街，或路邊有一溜大排檔鋪位出租，你想租一個鋪位開店，那麼，租哪段位置的鋪位最好呢？

許多人多半會有這樣的想法：租路口或街口當頭第一家，率先截住顧客，生意一定最好！

如果你這樣選擇，那就錯了，因爲老闆的心理不等同於顧客的心理。老闆想多賺錢而顧客卻想少花錢，兩者恰恰是相反的，想要生意好，就必須從顧客

的心理去做考量。

有人做過這麼一個小實驗。

某個班級分到兩張音樂會的門票，大家都想去，於是只好抽籤決定。籤做好後，班長耍了個小花招，將籤排成一排，讓同學們先抽以示公平，表示剩下的最後一張才是他的，而且他有把握他一定能拿到票。

同學們一個個把籤抽走，打開全是空白，最後，一行籤僅剩下第一張和最後一張，兩張果然都寫著「有」字，可見班長並沒有騙人，他也得到了自己想要的一張票。

其實，班長只運用了一個小小的心理遊戲，因爲大家都會覺得，每張籤中獎的機率差不多，而且多半會想：不可能那麼湊巧，兩張票就會落在最前和最後！

於是，在沒有特別心理提示的情況下，絕大多數人都覺得從中間隨手抽一

張機會大些。

當顧客走進商業街時，通常不甘心在第一家店便成交，他總得走走看看，貨比三家，生怕自己上當。

等走得差不多了，看也看過了，比也比過了，便會回頭找一家成交，但通常不是最前和最後。

當然，這裡說的是指一般情況，如果你經營得特別好或特別差，已在熟客中造成了很大的聲譽差距，情況就會發生變化。

而在價格幾乎一律相同的日用小攤，如青菜攤、涼茶攤之類情況則與此相反，是距離顧客越方便的攤位越好。

換句話說，想要得到致勝關鍵，就要先站在對方的立場上去設想，幾番沙盤推演下來，就容易掌握對方的心理，無論要是投其所好或要是請君入甕，都會輕鬆許多。這就是知己知彼的道理。

但反過來看，如果不想成爲一個容易被人看透的透明人，最好是把腦袋放空，不要只會依著別人走過的老路去走，才不會陷入既定的窠臼之中，剛走一步，後頭的計劃就被猜得十成十。

就好像下一盤棋，下法可有千百萬種，如果只會依著定石、排著棋譜，對手只要預先阻止了你的佈局，你就沒有任何成功的機會了。

某位軍事家曾說：「在戰略上輕蔑你的敵人，在戰場上重視你的敵人。」總之，你必須先做好萬全的準備，不論先攻或後攻，都要穩穩地站著，以沉穩的氣魄迎戰生命的每一個難題。

培養真材實料的魄力

唯有積極累積自己的實力，擬定完善的作戰策略，選定時機主動出擊，充分展現自己，才能打一場漂亮的勝仗，令眾人心服口服。

所謂「眞材實料，不怕貨比三家」，自我的價值同樣也來自於自我的肯定，對自己的能力充滿自信，就不怕任何的試鍊和比較。

除此之外，甚至還要主動出擊，強化自己在別人眼中的印象。

有一位管理專家李艾米，曾經去拜訪伯利恆鋼鐵公司的總裁查理·施瓦伯

先生。李艾米表示，只要讓他與伯利恆公司裡的每位經理談上十五分鐘，他就有辦法改善該公司的工作效率，並大幅增加公司的銷售額。

施瓦伯問：「這要花多少錢？」

李艾米說：「你不用馬上給我錢，等你認為有效果了，你覺得該值多少錢，寄張支票給我就行了。」

施瓦伯同意了。於是，李艾米與每位經理都談了十五分鐘，談話的內容很簡單，只要求他們在每日終了時，將次日需完成的六件最重要的工作寫下來，並依重要性順序編號。

李艾米並交代每位經理，次日早晨從表上的第一件工作開始做，每完成一項便將它從表上劃去；若有當日未完成的工作，則必須列入次日的表中。李艾米鄭重要求每位經理必須確實執行三個月。

三個月後，查理・施瓦伯寄了一張三萬五千美元的支票給李艾米，這是他認為值得為此觀念付出的代價。

如果李艾米不是對自己的做法有十足的自信，恐怕不敢就這麼找上門去毛遂自薦吧？

他不擔心自己得不到回報，是因爲他對自己的理論胸有成竹，絕對不是胡亂吹牛，只要每一位經理都能確實執行，在管理上一定會有立竿見影的成效，公司得到良好的效益，老闆當然樂意付錢。

在職場上，我們也應該有這樣的魄力，但這並非是指初生之犢不怕虎的傻勁，也不是莽撞的匹夫之勇，而是備足實力的自信心。

唯有積極累積自己的實力，擬定完善的作戰策略，選定時機主動出擊，充分展現自己，才能打一場漂亮的勝仗，令衆人心服口服。

當你的實力創下口碑之後，機會將會源源不絕而來，成功也將陳列在你的眼前。

模仿不抄襲，創造自己的新風格

比爾．瑪瑞亞自稱：「我未遭遇過失敗，我所碰到的，都是暫時的挫折。」當你面對人生的困難時，能擁有這樣的豪快氣魄嗎？

雖然人人生而平等，但是由於每個人的特質、環境與際遇不同，使得每個個體都截然不同，就算是雙胞胎，命運也不會一模一樣。

先來看一個比來比去的故事。

在一次盛大的宴會上，中國人、俄國人、法國人、德國人、義大利人爭相

誇耀自己民族的文化傳統，唯有美國人笑而不語。

爲了使自己的表述更加具體，更有說服力，他們紛紛拿出具有民族特色、能夠體現民族悠久歷史的實物——酒，來彼此相敬。

中國人首先拿出古色古香、做工精細的茅台，打開瓶蓋，果眞香氣四溢，令衆人嘖嘖稱道。

緊接著，俄國人拿出了伏特加，法國人拿出大香檳，義大利人亮出葡萄酒，德國人取出威士忌，各有各的特色。

最後，大家將目光投向美國人。只見美國人不慌不忙地站起來，把大家先前拿出的各種酒都倒出一點，兜在一起，說道：「這叫雞尾酒，它體現了美國的民族精神——融合與創造。」

這個故事說明了，優點和特色是靠自己去找出來的。

就好像美國這個建國不過兩百多年的國家，卻能躍昇爲世界強國，主導全球局勢，自然有其過人之處。但是，要將自己的優點和特色講出來讓別人認同，就有賴說話者的自信了。

首先就是不要因爲自己的短處而自卑，而要強化自己的長處。

國家新，表示觀念新，沒有包袱，他們可以參考別人的優點與特色，進而創造出自己的風格。

國家如此，做人更是如此，不是嗎？

就算自己覺得本身沒有什麼優點，那麼，總可以多參考參考別人的各項經驗吧！

只要模仿得到別人的眞髓，再加以延伸，增添自己的想法，就算不上抄襲，而且能進一步融會貫通出自己的特色，開創出個人的風格。

比爾．瑪瑞亞曾經自稱：「我未遭遇過失敗，我所碰到的，都是暫時的挫折。」

當你面對人生的困難時，能擁有這樣的豪快氣魄嗎？

嘗試去將自己的優點記錄下來，不必在乎他人的想法，不管世俗的眼光，

相信能夠讓你漸漸快樂起來。

如果你不好意思大聲說出來，那麼至少把它記在心裡，當情緒灰暗的時候，拿出來照亮自己。因爲，唯有認同自己的優點，才能讓自己產生自信，人也才會漸漸開朗起來。

信心是能否扭轉逆境的關鍵因素，一個人擁有多少自信，就能創造多少奇蹟。遇到人生的各種逆境，如果連你都不相信自己沒有問題，那麼你當然無法突破自己的人生困境。

要做自己最拿手的事

一個人不可能面面俱到、十全十美，成功的關鍵在於努力把自己的特長發揮到極致，而把不足之處的危害降到最小。

我們應該要勇於嘗試各種事物，挑戰自己的潛力，激發自己的潛能。

然而，我們也更應該認清自己的實力與當下的處境，不要貪功躁進，因爲，漠視自己能力不足之處，盲目追求的結果，可能將導致自己付出難以承受的代價。

美國國際管理集團（ＩＭＧ）的創建者馬克．Ｈ．邁克是世界一流的管理

專家，他曾經從一位好朋友身上學到了不少東西。

他的這位朋友是一位出類拔萃的推銷員，只要他一出面，魅力就擴散到每個角落，顧客只有把錢花光才會離開。

不過，他的長處卻僅此處一點，在其他方面，諸如組織、資金使用、鼓勵部下、業務企劃……等等方面都一竅不通。

這種人可以成爲一位銷售明星，但絕無法成爲一位優秀的企業家。然而，這位先生卻高估了自己的能力，以至於連續十年，不斷地創建新公司，結局當然是一家一家地關閉。

原因就在於，他以爲自己非凡的銷售才能是人人都具備的，對他來說，銷售是最簡單不過的工作，於是他認爲這對別人來說也一樣容易。

所以，他端坐辦公室，反而讓別人出去跑業務，但是他的管理能力不佳，致使員工不能因才適任，結果公司裡沒有一個人能發揮自己的特長，每個人都在做自己不擅長的工作。

公司的績效可想而知，最後當然只有倒閉一途。

一個人不可能面面俱到、十全十美，成功的關鍵在於努力把自己的特長發揮到極致，而把不足之處的危害降到最小。

如果把精力全部花在提高弱項方面，非但收效甚微，而且還會影響到別的方面，成爲一個毫無特色的人，自然也就難有建樹。

「人盡其才，因才適用」才能成就一個有規模、有體制的公司。

比如說，一個可以創造高銷售業績的業務員，你要他坐在辦公室裡記帳、做報表，而一個財務人才，你卻要他去拜訪客戶推銷商品。結果呢？帳目報表一塌糊塗、業績也是少得可憐，這樣的一個團隊如何能使公司成長，使營收增加呢？

一個頂尖的管理者必須要有非凡的識人眼光，懂得因才適用，將人才有效地放在適合的位置上。

每個人都有某方面厲害的本事，每個人也有自己不擅長之處，如果不能夠

充分了解自己的長處與才能，並加以靈活運用，而異想天開地學別人或是要求別人與自己一般，都必然會遭遇慘重的挫折！

沒有辦法接受自己的缺點，很容易讓自己因爲逞強而陷入困境，就好像故事裡的主角，因爲不相信自己沒有管理的能力，而堅持親自經營公司企業，導致事事不順，一事無成。

他也因爲相信別人一定會有和自己相同的銷售能力，因而錯用人才，最後，每個人都受到了傷害，大家都面對了層出不窮的挫折。

不要忘了，知己知彼才能百戰百勝，首要的工作就是要認清自己，唯有認清自己的能力，才不會浪費時間與精力。

你的優點，可能是別人的不足之處；別人的長才，也許是你有待加強的弱點。唯有彼此幫助，互信互補，才能共創良好的績效，這就是團隊合作的優勢。如果自恃本身的才能，又輕忽自己的短處與盲點，那麼失敗的風險可就大得多了。

創造自我生命的價值

別再埋怨，往前看，自然會對自己產生信心，進而看重自己、珍惜自己、喜歡自己，那麼你將會如寶石一樣閃耀。

我們很容易看到別人的優點，很容易羨慕別人，卻常常忘記自己其實並不一定一無是處，只要有心，也能夠發散出懾人的光芒。怕的是對自己沒有信心，怕的是只知道自怨自艾。

當我們遭遇到挫折與失敗的時候，只會看見自己的缺點與短處，在沮喪的心情加乘之下，結果什麼事情也做不好，造成了惡性循環。

當然，沒有人是完美無缺的，然而，不要忘了，也沒有人是渾身缺點的。

以下的故事，或許可以讓我們從另一個角度去思索生命的價值。

有一個小男孩，從小生長在孤兒院裡，因爲對於自己的身世感到自卑，常常悲觀地問院長：「院長，像我這樣沒人要的孩子，活著究竟有什麼意義呢？」

然而，院長總是笑而不答。

有一天，院長交給男孩一塊石頭，說：「明天早上，你拿這塊石頭到市場上去賣，但千萬記住，無論別人出價多少錢，你絕對不能賣。」

第二天，男孩拿著石頭，就蹲在市場的角落，意外地發現竟然有不少人對他的石頭感到興趣，而且愈來愈多人競爭，價錢也愈出愈高。

男孩聽從院長的交代，始終沒有將石頭賣出，只讓圍觀者和競標者不斷爭相叫價。

一天過完，男孩興奮地回到院裡，向院長報告這一天的奇特遭遇。但是，

院長聽了只是笑笑，要他隔天再把石頭拿到黃金市場去賣。

在販售黃金的市場上，也有人想出價買這塊石頭，但男孩還是打定主意不賣，後來竟飆漲到比昨天高出十倍的價錢。

最後，院長叫孩子把石頭拿到寶石市場上去展示，結果，石頭的身價又翻漲了十倍，由於男孩堅決不賣，這石頭竟被傳揚為「稀世珍寶」。

男孩興沖沖地捧著石頭回到孤兒院，問院長為什麼會這樣。

這次，院長沒有笑，而是望著男孩慢慢說道：「生命的價值就像這塊石頭一樣，在不同的環境下就會有不同的意義。一塊不起眼的石頭，由於你的珍惜、惜售提升了它的價值，最後還被傳為稀世珍寶。你不也像這塊石頭一樣嗎？只要自己看重自己，自我珍惜，生命就會有意義、有價值。」

英國前首相柴契爾夫人認為：「每一個人都完全不一樣，重點是你必須開發自己的特性，發揮你的長處。」

每個人在一生中難免都會遭受到許多不同的挫折，在當時可能會心生絕望，認爲自己一無是處。看到別人的風光時，會更加怨天尤人，覺得上天不公平，怎麼只有自己是這樣的無助可憐。

然而，自怨自艾並沒有辦法改變現狀，反而會使情況變糟。

其實，每個人風光背後，都潛藏著不爲人知的辛苦與努力。

自我的價值要靠自己的肯定，只有學會愛自己，別人才可能愛你。

所以，別再埋怨，往前看，自然會對自己產生信心，進而看重自己、珍惜自己、喜歡自己，那麼你將會如寶石一樣閃耀，因爲自信早已爲你披上一身光彩。

黃金招牌要掛到底

別人的目光倒是其次，自己心中的懊悔和不甘願才是讓人最為難受的。不想讓自己落入別人的陷阱之中，唯一的方法就是堅持自己的原則。

做人做事都要靠口碑，品質達到一定的水準，獲得了衆人的認同，無形中會增添無窮的助益，讓生意源源不絕。

但是，就算是機器也有老舊的一天，人當然也得在某一天退休。這裡要和大家分享的是，假使打算離開目前的工作崗位，爲了自己好，即使是到了退休當天，也一定要堅持自己追求高品質的原則。

以下這個故事，頗值得大家玩味。

有個老木匠一直都以巧手藝、高品質聞名，但是因為年紀大了，於是有天便告訴老闆，說自己想要退休離開建築這個行業，回家與妻子兒女享受天倫之樂。

老闆當然捨不得做得一手好活計的木匠離開，於是再三挽留，但木匠決心已下，堅持不為所動。

老闆無奈，只得答應，但要求他是否可以幫忙再建一座房子，老木匠推辭不過，只好答應了。

但是，在蓋房子的過程中，明眼人都看得出來，老木匠的心已不在工作上了，不但用料不再那麼嚴格，做出的活計也全無往日水準。

老闆看了並沒有說什麼，只是在房子建好後，把鑰匙交給了老木匠。

「這是你的房子。」老闆說：「是我打算送給你的禮物。」

老木匠愣住了，同樣，他的後悔與羞愧，大家也都看出來了。想想他這一

生蓋了多少好房子，最後卻為自己建了這樣一幢粗製濫造的房子。

在這個故事裡，老木匠是徹底的輸家，因為他雖然得到了一幢房子，卻賠上了自己多年來好不容易累積下來的好聲名，落得晚節不保的下場。

姑且不論老闆是眞的原本就有贈屋的打算，還是看到老木匠蓋出的房子沒有預先設想的品質和價值，就使了這麼一記回馬槍，讓老木匠自作自受，對老木匠來說，這樣的結果都是他自己沒有辦法堅持到底，所遺留下來的缺憾。

老闆失去了得力助手，隨時有人可以頂替，眼前的損失，總有一天可以賺得回來，更何況他慷慨贈屋的舉動，已為他贏得體恤員工、照顧下屬的好形象，核算起來是利多於弊。

但是，老木匠可就不同了，他本來可以光榮退休，繼續享有專業職人的美名，但就因為一念之差，一時的鬆懈，以致於全盤皆墨；別人的目光倒是其次，自己心中的懊悔和不甘願才是讓人最為難受的。其實，又不差多少時間，但這

樣的退休方式，不免讓人惋惜。

所以，如果不想讓自己落入別人的陷阱之中，唯一的方法就是堅持自己的原則，保持始終如一的態度，不讓別人有可趁之機，更不會有什麼可議之處留人話柄。

既然已經下定決心要離開，何不多花費一點點的時間與精神，把事情處理得乾淨圓滿，好聚好散，大家依然是朋友，對自己來說只有好處沒有壞處，不是嗎？

畢竟，我們很難預測什麼時候會需要用到這個人際資源。

4. PART

忙碌，要忙得有價值

忙碌，要忙得有價值，
不要常常讓自己沉浸在忙碌的情緒之中，
最後模糊了自己的人生目標，
成為一個走不回來的人。

信念就是一種神奇的魔力

丹．卡斯特曾經說過：「人類往往執意於本身所相信的事，而將思考的種子根植於想像的泥土上；你會變成什麼樣的人，端視你所栽植的種子而定。」

美國著名的心理學家威廉．詹姆斯曾經說過：「要使懷疑的事情步入成功大道，唯一的途徑就是信心。」

對於不相信神力的人來說，符咒只不過是一張普通的紙，然而對相信的人而言，即使是一張白紙，也能發揮趨吉驅邪的功效。

信念本身就是一種異常神奇的魔力，如果你對自己充滿了信心，就能產生創造性的力量。因此，一個人最好不要老是想著「自己不行了」或是「我沒有

辦法」，若是你有這種負面的念頭，那麼久而久之，你便會成爲自己想像中的懦弱模樣。

美國職棒大聯盟中，有一支球隊的球運相當背，在二十場比賽中連續輸了十七場；連敗的魔咒，使得投手投球的威力銳減，球員們的打擊力變得奇差無比，而且失誤連連。

最糟糕的是，每位選手都不懂得自我反省，總是將輸球的責任歸咎於其他隊友，選手們對於比賽越來越沒信心，一開賽就認爲自己必輸無疑，心裡憧憬的不是勝利的畫面，而是不要輸得太難看。

舒萊特是一位很有聲望的牧師，常常透過禱告祝福恢復別人的自信，民衆聽完他佈道後，大都能重燃信心。有一天，該隊總教練爲了重振球隊雄風，裝模作樣地向選手們借了兩支球棒，然後對他們說：「我現在要出去找舒萊特牧師，請你們留在宿舍等我的好消息。」

過了一小時之後，總教練在外頭晃了一圈回來了，然後煞有其事地告訴球員們說：「舒萊特牧師已經對著這兩支球棒，祝福了我們的球隊，讓我們擁有不輸的神力！」

選手們聽了這個「好消息」都相當興奮。第二天出賽，這支球隊變得銳不可當，不但擊敗了強勁的對手，而且火力全開，總共擊出三十七個安打，得了二十七分。從此以後，他們每次出場比賽，士氣都非常旺盛，排名也從最後躍居爲第一名。

信心能夠使人產生積極求勝的力量，創造出一些意想不到的奇蹟。人如果對自己充滿信心，就會爆發驚人的能量，就像這支已經十七連敗的球隊，突然之間脫胎換骨一般。

這位總教練的巧妙演出，使得選手們原先患得患失的心理完全改觀，進而產生了豐沛的力量，所以終能獲得成功。

「舒萊特牧師祝福過」的球棒本身並無變化，但是選手們相信上面蘊含著神秘的力量，心中因而起了具體的變化。

丹・卡斯特曾經說過：「人類往往執意於本身所相信的事，而將思考的種子根植於想像的泥土上；種瓜得瓜，種豆得豆，你會變成什麼樣的人，端視你所栽植的種子而定。」

所以，你需要什麼，就儘管將自己的想法種植在潛意識裡，若是想要遠離失敗、挫折和貧窮，就不要在腦海中散播這類種子，必須經常播下成功、健康和富裕的念頭！

如果你經常想像一些肯定而具有建設性的事情，並且繼續保持積極的信念，那麼，你很快就會變成一個堅定而充滿自信的人。

睡覺，也是解決事情的方法之一

潛意識不僅僅只有人類出生以後的經驗，同時還包含了前世和祖先的經驗在內，這些經驗會經由遺傳的方式而存留下來。

相信自己有能力解決難題，殫精竭慮地思考問題該如何迎刃而解，無疑是邁向成功的必備條件。

但是，人生並不一定非得時時刻刻都處於緊繃狀態，偶爾必須跟自己耍耍賴，把問題丟給潛意識處理。

當你遭遇到一些不知如何是好的難題時，有時躺下來睡大頭覺，也是解決事情的方法之一。

因爲，事情若是眞的遇到瓶頸，難以突破，再怎麼掙扎也是徒費心思和力氣，勉強想辦法應付，並不一定能有效解決。

這時，你不妨告訴自己：「船到橋頭自然直」，然後放鬆心情酣酣入睡，讓潛意識來幫自己解決問題。

這樣的例子，在許多科學家身上都曾發生過，以下是其中之一。

亞卡西茲是一位聞名全球的動物學家，在化石魚類的研究歸納工作方面卓然有成。

他在研究化石魚類的過程中，曾經有過一個神秘而有趣的體驗。

有一天，他在一塊石板上發現了一個魚類化石的痕跡，於是廢寢忘食專注地研究，但是由於這塊化石缺少了最重要的一部分，因此研究工作始終沒有進展，幾天後，他不得不將這件事情暫時擱置。

然而，不久之後，有一天晚上，他在睡覺的時候，竟夢見了那塊化石欠缺

的那個重要部分，而且清晰、吻合地補足了，可是當他醒來時，卻想不出剛才夢中見到的特徵。

於是，第二天晚上臨睡之前，亞卡西茲將紙筆準備好放在床頭，當晚，那條化石魚欠缺的重要部分又在夢中出現了，在意識朦朧的狀態下，他趕緊將特徵記錄下來。

翌日清早，他仔細看了昨夜畫下的圖樣，心中大吃了一驚，因爲紙上所顯現的，正是化石沒有顯示出來的特徵，於是他立即根據這個圖樣刻在石板上，至此，化石魚的分類工作才告完成。

心理學家克拉伍德·布利斯特說過：「潛意識有使心中深信不疑的事情付諸實現的力量。」

這是因爲，每個人的想像都會隨著潛意識運行，必然會投注心力於盤旋腦海之中的想像。

瑞士精神分析家榮格在他的學說中，特別重視出生前的記憶，並且主張潛意識不僅僅只有人類出生以後的經驗，同時還包含了前世和祖先的經驗在內，這些經驗會經由遺傳的方式而存留下來。

就因爲潛在意識並不單單是個人經驗的累積，同時還包含了前世和祖先的經驗，自然擁有極大的力量。

美國作家愛默生說：「當遭遇逆境或是碰到危急的場面，我們所表現出來的都是無意識的行動。」

愛默生的說法使我們理解，在這種情況下，與其依賴著個人的理性與判斷，不如將這類情況委諸潛意識處理，這才是比較聰明的做法。

忙碌，要忙得有價值

忙碌，要忙得有價值，不要常常讓自己沉浸在忙碌的情緒之中，最後模糊了自己的人生目標，成為一個走不回來的人。

忙碌，是現代人的通病，有時是一種生活方式，有時只是一種藉口，有時則是模糊了目標的盲目。不知那些忙碌的人，可曾花一點點時間停下來想想，自己究竟是眞忙還是瞎忙。

這世間，有兩種人是走不回來的人。

一種是貪心的人。托爾斯泰寫過一個故事，訴說一個地主去拜訪一位部落首領，首領要他向西走，然後做一個標記，只要能在太陽落山之前走回來，從

此到標記之間的土地全部屬於地主。

但是，太陽落山了，地主卻沒有走回來，因爲走得太遠，他拼盡了全力也趕不回來，最後更累死在路上。

貪心人因爲貪，所以走不回來。然而，現實生活中還有另一種人，他們不貪，可是也走不回來。

有位作家寫過一則有趣的寓言故事，大意是這樣的。

有一個人打算在客廳裡掛一幅畫，當畫在牆上扶好，正準備釘釘子，突然想道：「這樣不好，最好釘兩個木塊，再把畫掛在上面會好看些。」

於是，他放下畫出去找木塊。

很快地找著了木塊，正要釘，他又覺得木塊有一點大，最好能鋸掉點，於是又四處去找鋸子。

可是，找來鋸子，還沒有鋸兩下，他又說：「不行，這鋸子太鈍了，得磨

一磨再說。」

挫刀拿來了，他又發現挫刀把柄壞了，爲了給挫刀換個把柄，他又去校園旁邊的一個灌木叢裡尋找小樹。

正要砍下小樹，他又發現生滿鐵銹的斧頭實在是不能用，於是又找來磨刀石。可是，爲了固定住磨刀石，必須得要先製作幾根木條。爲此，他又到校外去找一位木匠，聽說木匠家有一個現成的固定架。

然而，這一走，就再也沒見他回來。

當然了，那幅畫始終沒釘成，因爲到了下午，他還在幫木匠從商店裡往外架設一台笨重的電鋸呢。

工作和生活中，有好多走不回來的人。

因爲，他們認爲要做好這一件事，必須得去做前一件事，要做好前一件事，必須得去做更前面的一件事。他們逆流而上，尋根探底，最後把那原始的

目的忘得一乾二淨。

這種人看似忙忙碌碌，整天一副辛苦的樣子，其實，他們根本不知道自己在忙什麼。

有人問世界知名的指揮家托斯卡尼尼的兒子華特，他的父親認為自己最重要的成就是什麼。

華特簡單地回答：「對我父親來說，這個問題是不存在的。因為無論何時，只要他做一件事，在那個時刻，就是他生命中最重要的事——不管是指揮一首交響曲，還是剝一個橘子皮。」

戴爾．特納說：「一次只做一件事，當你做事時則要全神貫注。」

將一件事做好，再去做另一件事，才不致於花了許多時間與精力，最後卻一事無成。

唯有心無旁騖、專心致力，才能將一件事做到最好。再忙也可以先將要處理的事情做簡單的先後順序排列：重要且緊急的、緊急而不重要的、重要但不緊急的、不重要也不緊急的，一項一項依序處理。

做一件事的時候，不要費心去想別件事，最後，你將會發現自己無形之中已把絕大多數的事情順利完成了。

忙碌，要忙得有價值，畢竟生命的美好，不應該在庸庸碌碌之中浪費了。不要常常讓自己沉浸在忙碌的情緒之中，最後模糊了自己的人生目標，成爲一個走不回來的人。

圓融通變，魚和熊掌才可能兼得

與其預先去想種種不可能，一步也踏不出去，還不如花點心思分析多種可能性，畢竟雖然條條大路通羅馬，只要想走一定走得到。

孟子曾經藉魚與熊掌比喻兩者都是自己所需，但是必須有所取捨時，即便左右為難，也要做出抉擇。

當然，不管選了哪一個，人終究還是會後悔地想著，當初如果選另一個，結果會不會有所改變。

只是，人生並非處處都是是非題，有時轉換一下想法，想要「魚與熊掌兼得」，似乎也不是不可能的事。

著名文學家沉從文的表侄黃永玉，是一位知名的大畫家。

某天，有人問他為何可以一手畫好山水，一手寫妙文章，如此一心二用不怕兩者皆空嗎？

他沒有直接回答，而是說了這麼一個小故事。

甲乙二名信徒都酷愛吸煙，甲問神父：「我祈禱時可以吸煙嗎？」

神父立刻大聲斥責說：「那怎麼行！」

接著，乙問神父：「我走路時想著上帝，吃飯時想著上帝，如果吸煙時也想著上帝，可不可以？」

神父說：「當然可以。」

這個故事聽起來雖然有點詭辯、賣弄文字遊戲的感覺，但是事情的確不是只有一種處理方法。所謂規定是死的，人是活的，靈活變通便可以更圓融地面對人生的種種問題。

甲信徒將問題的重點放在吸煙上，而乙信徒則將焦點鎖定在「心中有上帝」，當然神父所給的答案天差地別。

這當然是一則邏輯上的笑話，但是也可看出立場不同，往往會造成不同的行動與想法。

所以，如果一直想著選了魚就不能選熊掌，或是選了熊掌便會失去魚，那麼這兩者的確沒有辦法全部擁有。

然而，若是以既要魚又要熊掌的角度出發去設想，說不定就能找出兩者兼得的好方法。

黃永玉以這個故事妙答別人對他的疑問，說明作畫與寫文章，其實並不互相牴觸，可以同時進行。

當然，人是沒辦法一邊寫文章一邊作畫，又不是金庸筆下人物小龍女，可以左手畫圓右手畫方，雙管齊下，可是，卻可以在寫文章的時候心中織構美麗

的畫面，而在繪製山水時創造詩意的詞句，兩者並不相違背。

與其預先去設想種種不可能，一步也踏不出去，還不如多花點心思分析各種可能性。畢竟條條大路通羅馬，很多小路也可以通抵羅馬，只要想走一定走得到。

就算山窮水盡，自己炸開一條路也是一種辦法，只要多運用創造性的思考，前景必然會有柳暗花明的驚喜。

選擇結果就無須在乎過程

唯有靈活應變，多方觀察，從別人想不到的方向去設想，才能搜尋出一條最好、最便利、最有成效的道路，輕鬆脫離泥淖，達成既定目標。

事情若是只看表面，很容易受到蒙蔽，所謂「以貌取人，失之子羽」指的就是這個意思。

人與人之間的相處，有「相形不如論心，論心不如擇術」的道理存在。與其只觀察一個人的外貌，不如了解他的內心，而要了解他的內心，不如看他的實際表現。

其實，有時做事也可以好好地運用這個方法。

一位猶太富豪走進一家銀行，來到貸款部前，大模大樣地坐了下來。

「請問先生，您有什麼事情需要我們效勞嗎？」貸款部經理一邊小心地詢問，一邊打量來人的穿著：名貴的西服、高檔的皮鞋、昂貴的手錶，還有鑲寶石的領帶夾……

「我想借點錢。」富豪開口說。

「當然可以，您想借多少呢？」貸款部經理端出專業的笑容，打算為這位看來是大戶的客人服務。

「一美元。」

「只借一美元？」貸款部經理不禁驚愣了。

「我只需要一美元，可以嗎？」

「當然，只要有擔保，要借多少，我們都可以照辦。」

「很好。」猶太人從豪華的皮包裡取出一大堆股票、債券等放在桌上：

「那麼，用這些東西來做擔保可以嗎？」

經理仔細地清點了一下，「先生，這些總共價值五十萬美元，擔保綽綽有餘了，不過，您真的只要借一美元嗎？」

「是的。」猶太商人面無表情地說。

「好吧，那我們到那邊辦手續吧，年息為百分之六，只要您支付百分之六的利息，並於一年後歸還本金，我們就把這些充作擔保品的股票和有價證券還給您……」

「謝謝。」猶太富豪辦完手續，便準備離去。

一直在一邊冷眼旁觀的銀行總經理怎麼也弄不明白，一個擁有五十萬美元的人，怎麼會跑到銀行來借一美元呢？

他從後面追了上去，有些窘迫地說：「對不起，先生，可以請問您一個問題嗎？」

「你想問什麼？」

「我是這家銀行的總經理，我實在搞不懂，你擁有五十萬美元的財產，為

什麼只借區區一美元呢？若是您想借四十萬美元的話，我們也會很樂意爲您服務的……」

「既然你問起，我不妨把實情告訴你。我來這裡，是要處理一件公務，可是要隨身攜帶的這些票券實在很礙事，我問過幾家金庫，打算租他們的保險箱，但是租金都很昂貴。我知道貴行的保全工作做得很好，所以，就將這些東西以擔保的形式寄存在貴行了，由你們替我保管，我還有什麼不放心呢！況且利息很便宜，存一年才不過六美分……」

你要說這名猶太富豪老奸巨猾也可以，但我倒以爲他是個相當聰明的人，難怪有能力擁有那麼多的財富。因爲，他懂得掌握對自己最有利的資訊，做出最正確的判斷。

摒除既定的成見，其實做起事來會有更大的揮灑空間。

反其道而行，更容易奏收出奇不意之效，反正猶太富豪的東西橫豎是要放

在銀行的金庫，辦了貸款付利息，比起繳納昂貴的保管金來說，顯得微不足道多了。

當你重視的是結果時，比較起來，過程也就不是那麼重要了。

處理事情的方法有千百種，腦筋不懂得轉彎的話，就容易走進死胡同。唯有靈活應變，多方觀察，從別人想不到的方向去設想，才能搜尋出一條最好、最便利、最有成效的道路，輕鬆脫離泥淖，達成既定目標。

每一個選擇都必須付出代價

每一件事都有其代價，當你做決定時，不妨先想想自己需要付出些什麼代價，因為最後你一定要為自己的選擇付出代價，不論你是否承受得起。

生命中有很多事物對我們來說都很重要，有時甚至無法爲它們的重要性劃分出任何等級。

有一個古老的難題：當你的母親、妻子、孩子都掉進水中的時候，你應該先去救誰？不同的人總會有不同答案，衆說紛云。哲學家們曾經就不同的答案深入地分析，說明不同的人有著思想、靈魂、價值觀念……等等的重大差異。只是，這些分析並不眞的能告訴我們，究竟該救哪一個才對。

有一位農民被迫要從中做出抉擇，或許我們可以聽聽他的答案。

農民的村莊被洪水沖沒，在滾滾洪濤中，他只救出了他的妻子，而孩子和母親都被水沖得不見蹤影。

事後，周遭的人七嘴八舌，有的說救對了，有的說救錯了，有人說該救母親，而有人卻堅持應該救孩子才正確。

哲學家問農民當時究竟是怎麼想的。農民歎了一口氣說：「當時，我什麼也沒想。洪水來的時候，妻子正在我身邊，我連忙抓住她就往高處游。當我要回頭再救母親和孩子時，他們都被沖走了。」

或許，這個問題根本不會有所謂的正確答案。

就像農民所說，在事情發生當時，根本無法多想誰最重要這個問題，因爲三個人都很重要。如果可以的話，他會希望三個人都存活，不會因爲失去任何一個而有遺憾。但是，在當時的狀況，他只能選擇自己救得到的，至少他可以

欣慰還救到了一人。

管理大師杜拉克曾說：「遭逢變局時，我們必須要以謹慎、一致、誠實的態度來處理基本問題，並且要一直保持這種態度。」

或許問題的重點並非在於究竟該救誰才對，而是我們在面對生命中難以抉擇的問題的時候，是否能臨危不亂、果斷明快，不會因爲猶豫不決而失去了先機。

每一件事都有其代價，當你要做決定之前，不妨先想想自己可能需要付出些什麼代價，因爲最後你一定要爲自己的選擇付出代價，不論這個代價你是否承受得起。

如果能眞正體會出「自己一定得付出代價」的道理，相信也就能平心靜氣地處理種種生活上的難題了。

大膽假設，就能創造特色

大膽地做不同的假設，勇敢地嘗試新方法，營造對方的需求，突顯特色與附加價值，自然就增添了不少的吸引力，成功的機率也就更大了。

賣東西要有技巧的，不但要賣得好，更要讓人買得高興，才是雙贏的成功銷售，也才是永續經營的不二法門。

有一家大公司，高薪招聘營銷主管，一時間報名者雲集。

面對衆多應徵者，負責招聘主管的人說：「相馬不如賽馬，爲了能選拔出

高素質的營銷人員，我們出一道實踐性的試題，就是以十日為限，想辦法把木梳賣給和尚，賣得最多的人入選。」

出家人剃度為僧，一根頭髮也沒有，要木梳有何用處？出這種題目，豈不是精神錯亂，拿人開玩笑？

沒多久，應徵的人接連拂袖而去，幾乎散盡，最後只剩下三個人：小伊、小石和小錢。

十日期限到了，負責人問小伊：「賣出多少？」

小伊回答：「一把。」

「怎麼賣的？」

小伊便滔滔講述他歷盡千辛萬苦，以及受到眾和尚責罵和追打的委屈。接著說，幸好在下山途中，遇到一個小和尚一邊曬著太陽，一邊使勁搔著又髒又厚的頭皮。他靈機一動，趕忙遞上了木梳，小和尚用了之後滿心歡喜，於是買下一把。

負責人又問小石：「賣出多少？」

小石回答：「十把。」

「怎麼賣的？」

小石說他去了一座名山古剎，由於山高風大，香客的頭髮都被吹亂了。他見狀，於是找到了寺院的住持說：「蓬頭垢面是對佛祖、菩薩不敬，應該在香案前放把木梳，供善男信女梳理鬃髮。」

住持採納了小石的建議。附近山裡共有十座廟，於是小石用同樣的說詞，推銷了十把木梳。

負責人又問小錢：「賣出多少？」

小錢回答：「一千把。」

負責人不禁驚問：「怎麼賣的？」

小錢說他到一個頗具盛名、香火極旺的深山寶剎，見到朝聖者如雲，信衆絡繹不絕，便對住持說：「凡是來進香朝拜的人，都有一顆虔誠之心，貴寶剎應有所回贈，以做紀念，保佑信衆平安吉祥，鼓勵他們多做善事。我有一批木梳，寫上『積善梳』三個字，便可當做贈品。」

住持聽了大喜，立即買下一千把木梳，並請小錢住下，共同出席了首次贈送「積善梳」的儀式。

得到「積善梳」的信衆與香客相當高興，一傳十、十傳百，朝聖者更多，香火也更旺。住持還希望小錢再多賣一些不同的木梳，以便贈給各種類型的信衆與香客。

做生意確實是一門大學問，想要完成不可能的任務和交易，更要有超越他人的本事。

故事中的小伊執著於銷售的對象，所以只賣出一把梳子，最後產品還失去了原本的功用。這在銷售上其實是失敗的，因爲使用者不會再繼續光顧，只能做一次的銷售。

小石進一步地擴張銷售方向，並強化了產品的特質，只是客群實屬小衆，還是感受不出需求。

至於小錢則是大大地推廣，尋找出所有的隱藏顧客，同時創造出顧客的需求，營造出一種流行，只是加上小小的變化，就使得商品的價值大大提昇，無疑是成功的銷售實例。

拘泥於固定的想法，就會讓自己的行動受限，當然也就難以開創新局。倒不如大膽地做不同的假設，勇敢地嘗試新方法，營造對方的需求，突顯產品的特色與附加價值，自然就增添了不少的吸引力，成功的機率也就更大了。

講求公平就是保障自己的利益

人都不免會以自己為最優先，而擁有一定權力地位時，更難做到絕對的公平，久而久之一定會慢慢地被權力誘惑而失去原本的準則。

自私是人的本性，也因此利他的行爲才會被人視爲偉大的行徑。因爲當利益出現了衝突時，必須先克服個人私心的慾望，才能滿足他人，這嚴格來說，的確是違反人性。

權力，同樣是人類嚮往的慾望之一，當人掌握了權力，就很難和自己的私心拉鋸，以保持公正不阿。所以，對於權力制約的制度問題一直是人類頭疼的難題。

以下的故事，或許能讓我們看出些端倪。

有七個人組成了一個小團體共同生活，每個人都是平凡而平等，沒有什麼害人之心，但不免自私自利。

他們想用非暴力的方式，透過制定制度來解決每天的吃飯問題——分食一鍋粥，但並沒有測量工具或有刻度的容器。大家分別發揮了聰明才智，反覆試驗了不同的方法，最後才終於形成了一套完善的分配制度。

剛開始，只交由一個人來負責分粥事宜。但很快大家就發現，這個人老是自己分得的粥最多，於是一番討論後又換了一個人，可是最後的結果總是負責分粥的人碗裡的粥最多、最好。

可見每個人都私心自用，權力導致腐敗，絕對的權力帶來絕對的腐敗。

後來，大家改爲輪流擔任分粥的負責人，每人一天。

這樣等於讓每個人都有爲自己多分粥的權力和機會。雖然表面上看起來每

個人都平等了，但是實際上每個人在一週中只有一天吃得飽而且有剩餘，其餘六天都得忍受飢餓。

很明顯的，這種方式其實造成了資源浪費。

接下來，大家改為選舉出一個信得過的人來負責分粥。剛開始，這位品德受到大家信任的人還能維持公平，但不久後，他就開始為自己和對他逢迎拍馬的人多分了一些，大夥不得不另外尋找新思路。

於是，大家選舉出一個分粥委員和一個監督委員，形成相互監督和相互制約。公平基本上是做到了，可是由於監督委員不斷提出多種議案，分粥委員又會一一據理力爭，等粥分完了，粥也早就涼了。

後來沒辦法，終於決議出由每個人輪流值日分粥，但是分粥的那個人必須要最後一個領粥。令人驚奇的是，在這個制度下，七個碗裡的粥每次都是一樣多，就像用科學儀器量過一樣。

每個主持分粥的人都心知肚明，如果七個碗裡的粥不相同，他無疑將享有最少的那分。

這是深悉人性之後，做出的最佳決定。因為，人不為己天誅地滅，在無法增加自己利益的時候，為了不蒙受損失，因而願意接受公平。當然，這是在人性本惡的出發點下所得出的結果。

任何時候，人都不免會以自己為最優先，而擁有一定權力地位時，更難做到絕對的公平，就算一開始做得到，久而久之也一定會慢慢地被權力誘惑而失去原本的準則。畢竟享受支配他人的權力，確實令人迷醉，即使自己的行為已經偏頗，也會因為無人敢爭議而成為獨裁。

唯一的制衡方法，就是讓做規劃的人，沒有決策的權利，而是要提出多項優秀的建議，讓決策者做出最佳選擇，而每一個人都有成為決策者和規劃者的權利與義務。

這也就是故事中最完美的分粥方式，因為採取公平的手段就是保障自己利益的最佳方案。

5.

PART

輕視別人就是貶低自己

自我的價值是來自於自己的肯定，

外在的名氣是眾人所給予的，

今日得到了，他日就可能失去了，

不然怎麼會有人說「虛名如浮雲」呢？

只有自己才能拯救自己

一個人縱使受到極為嚴重的傷勢，只要心中充滿能夠治癒的信念，積極而堅強地活下去，終究能脫離險境。

著名的瑞士精神分析學家卡爾．榮格曾經這麼說：「根據三十年來的經驗，我發現病人本身若是沒有信心，那麼精神方面的疾病永遠不會好轉，向來都是如此，絕無任何例外。其實，不僅精神方面的病症如此，其他各方面也是如此。」

榮格的說法，的確是一個鼓舞人心的經驗談，如果患者本身沒有信心，不管進行多少種治療措施，病情也不見得會好轉。唯有心中相信自己會好起來，

身體才會朝著康復的方向發生作用。

百老匯著名的歌劇演員佛雷亞斯坦，有一天搭乘飛機不幸失事，雖然僥倖沒有罹難，但是傷勢非常嚴重，幾乎全身的骨頭都折斷了。醫生緊急搶救後認爲，他生還的機率不大，即使出現奇蹟保全性命，也會終身殘廢。

但是，佛雷亞斯坦具有相當強韌的生命力和生存信念，幾天之後竟然奇蹟式地清醒。他立刻向醫生詢問自己的傷勢，得知可能終身殘廢後，他並不氣餒，反而在心中不斷鼓舞自己：「我一定會復原的，我還要重新開始我的舞台生涯。」

他每天反覆說著這些話，心中想像著所有折斷的骨頭都已經治癒，漸漸的，他的傷勢竟然日趨好轉，斷骨也逐漸密合起來，醫生們都覺得這簡直是不可思議的事情。

過了一段漫長而艱苦的復健後，佛雷亞斯坦逐漸能靠著枴杖站起來走動了，但是由於腳踝部位受傷過重，因此，醫生警告他日後絕對不可以再從事舞台演出。然而，佛雷亞斯坦並不想放棄自己的演藝生涯，出院後，便整天在家中勤練柔軟體操。

當他正式宣告復出演出時，在百老匯造成了空前的轟動。恢復演出的當晚，他與女兒泰麗莎同台表演，觀衆們看到他復出後的「柺杖舞」時，紛紛起立報以熱烈的掌聲，爲他流下高興的眼淚。

後來，他雖然不用拿柺杖也能跳舞，但是「柺杖舞」卻被公認是他所有表演中最具特色的一種舞，至今猶爲人們所懷念。

歐里庇得斯曾經說：「我倒羨慕那一生雖然不幸，卻相信自己的人，因為，他受了苦，但不至於被痛苦壓倒。」

這句饒富深意的生活哲理告訴我們一個道理，如果我們處在困境當中，還相信自己有能力解決眼前的難題，那麼再強大、再艱難的困境，也無法阻擋我們推開成功的大門。做人做事也是如此，天下無難事，只要相信自己就能創造

奇蹟，獲得原本你認為不可能得到的勝利。

佛雷亞斯坦有如此的勇氣和精神，當然值得觀眾為他喝采。

由他的例子，我們可以得知，一個人縱使受到極為嚴重的傷勢，只要心中充滿能夠治癒的信念，積極而堅強地活下去，終究能脫離險境。

拯救佛雷亞斯坦的並不是醫生，因為醫生只能負起接合斷碎的骨頭和治療的責任，對於以後的事，就無能為力了。

拯救佛雷亞斯坦的，其實是他自己，由於他本身具有強烈的生存信念，才能奇蹟式地康復，若是他本身缺乏信心，那麼連活下去都有問題，更不用談演出歌舞劇了。

他的故事告訴我們，唯有在逆境之中仍舊保持信心，才能激發無限潛能；也唯有保持信心，才能讓自己獲得峰迴路轉的機運！

命運的主宰不是醫生或任何人，而是我們自己！我們可以控制自己的想法和做法，也可以決定自己的人生方向。不用管醫生怎麼說，不必管別人怎麼潑冷水，只要你願意相信自己，你就可以創造屬於自己的輝煌人生。

精益求精，就能創造人生

蘇聯作家高爾基說：「一個人可以做到他想做的一切，需要的只是堅忍不拔的毅力和持久不懈的努力。」

日本作家鈴木健二在《人際關係趣談》裡說：「真正有能力的人，工作時總是默不作聲，乾淨俐落地把任務完成，而且事後表情輕鬆，顯得若無其事，不會誇耀自己的才能。」

如果你自認爲擁有某些過人的才華，喜歡四處炫耀，那麼可得糾正這種錯誤的行徑，因爲，你那副沾沾自喜的表情，其實已經透露你有幾分本事，看在眞正的高手眼中，你只不過是一隻喜歡吹嘘的井底之蛙。

北宋名臣歐陽修所著的《歸田錄》中記載著一則熟能生巧的故事，大意是說，有一位神箭手很愛現，經常在大庭廣眾下表演百步穿楊的箭術，由於他箭無虛發，每次都能精準地射中目標，因此，旁觀的民眾都會對他精湛的箭術報以熱烈掌聲。

有一天，這個神箭手又在樹下獻寶，當他滿臉陶醉地享受觀眾的掌聲和讚美時，卻發現有一位賣油的老人很不捧場，居然只是面露微笑靜靜站在一旁，沒像其他人一樣鼓掌叫好。

看到這個情形，這位神箭手有點不悅，於是就走到老人面前，問他說：「你的表情好像很瞧不起我的箭術喔，莫非你也懂得射箭？」

老人笑著說：「射箭，我倒是不會，但是我相信，任何人只要持續不斷勤加練習，都會射得和你一樣好。」

這句話大大地刺傷神箭手的自尊心，於是他立即變臉，生氣地對賣油的老

人說：「喂，老頭子，你知不知道這樣講很沒有禮貌，而且很不負責任喔，你如果沒辦法證明你剛剛所講的話，我就要讓你好看！」

老人聽了，仍舊微笑著說：「這樣吧，我是個賣油的，我就表演倒油的技術給你看吧！」

說完，老人就將肩上的扁擔卸下，然後在裝油的葫蘆口擺了一個有方孔的銅錢，隨即用杓子舀起一杓油，高高地將油注入葫蘆中。

只見一條閃亮的細線毫厘不差地穿過錢孔，直到葫蘆裝滿了，銅錢仍沒沾上一滴油。觀眾們看到他這種功夫，紛紛鼓掌叫好，老人仍舊微笑著說：「只要經常練習，任何人都能達到這種境地。」

蘇聯作家高爾基說：「一個人可以做到他想做的一切，需要的只是堅忍不拔的毅力和持久不懈的努力。」

就像賣油老人所說的，任何事只要持續不斷地勤加練習，都可以到達爐火

純青的地步；至於那位神箭手，只不過是由於勤加鍛鍊而擁有一項拿手的技術而已，沒什麼好驕傲的。

俗話說：「三百六十五行，行行出狀元」，你若能精通一門技術，那麼無論你目前的職業、地位、才能、學歷、財產和別人有多大的差距，其實都無關緊要；只要能在自己專精的領域中精益求精，保持一枝獨秀，你就可以創造出輝煌燦爛的人生。

所謂萬變不離其宗，人一旦精通了某種技術，就會使自己產生無窮的自信，從中體會出世事萬物的本質。此外，還能觸類旁通，快速領略處理其他事務的要訣，無論面對任何人都能保持心平氣和，無畏無懼。

用體諒與包容減少遺憾

或許我們該再試著重拾那樣的感動，在自己能力的範圍之內，主動地關懷別人，及時伸出援手，那麼，這個世界將會流洩出更多的溫情，減少過多遺憾的發生。

里奧．巴斯塔博士在其作品中曾說到：「很不幸的，我們教育體系的設計，就像在我們身上施打防疫針，使我們對於感同身受、憐憫心與普遍的善行都產生了抗體。」

現實殘酷的社會鼓勵我們往個人主義的方向走去，這就成爲我們共同的價值觀。我們在這樣的訓練下，變得只重視智力發展，變得厚顏無恥，也變得自戀、自大。我們變得冷血、變得無情，變得對許多事物都毫不在乎，也漠不關

心。

曾經有這麼一則故事，讀來令人動容。

越戰結束後，一個美國士兵從越南戰場回到國內，在舊金山打了一通電話給他的父母。

「爸爸，媽媽，我要回家了！但我想請你們幫我一個忙，我要帶一位我的朋友回來。」

「當然可以。」父母回答道：「我們會很高興見到他的。」

「有件事必須先告訴你們，」兒子繼續說：「他在戰鬥中受了重傷，他踩著一個地雷，失去了一隻胳膊和一條腿。他無處可去，我希望他能來我們家和我們一起生活。」

「我很遺憾聽到這件事，不過，孩子，也許我們可以另外幫他找一個適當的地方住下。」

「不，我希望他和我們住在一起。」兒子堅持。

「孩子，」父親說：「你不知道你在說些什麼，這樣一個殘障的人將會給我們帶來沉重的負擔，我們不能讓這種事干擾我們的生活。我想你還是趕快回家來，把這個人給忘掉，他自己會找到活路的。」

就在這個時候，兒子突然掛上了電話，而這對父母再也沒有得到他們兒子的消息。

幾天後，他們接到舊金山警察局打來的一通電話，告知他們的兒子從高樓上墜地而亡，警方判定是自殺。

悲痛欲絕的父母連夜飛往舊金山。在陳屍間裡，他們驚愕地發現，他們的兒子只有一隻胳膊和一條腿。

那對父母其實並沒什麼大錯，因爲他們只不過表達了不願意爲了一名陌生人而擾亂了自己原本的生活。但是，他們的兒子卻完全明白了，以自己目前的

狀況，他的雙親會覺得是一種負擔，他不願意逼迫他的父母因爲至親的緣故才勉強忍受自己。

於是，他選擇了永遠地離開，留下一對傷痛卻後悔莫及的父母，活在無限的懊悔之中。

在功利的社會裡，我們學會以價値來衡量，我們漸漸忘記幫助別人所帶來的內心喜樂。

人人自掃門前雪，爲了怕自己受到傷害，於是選擇孤獨與疏離，所以這個世界變得冷漠了。

此外，大部分時候，我們不會立即發現自己脫口而出的話語，已經刺傷周圍的人，甚至是自己最至親的家人，當自己察覺時，往往已經造成無法挽救的遺憾了。

美國詩人愛蜜莉．狄更生曾經寫下這樣的詩句：「如果我能使一顆心免於破碎，我的人生就沒有白活；如果我能減輕一個人的痛苦，或是讓他好過一些，甚至是將病弱的小鳥送回家，我的人生就沒有白活。」

或許我們該再試著重拾那樣的感動，在自己能力的範圍之內，主動地關懷別人，及時伸出援手，那麼，這個世界將會流洩出更多的溫情，減少過多遺憾的發生。

包容是一種生活智慧，可以讓走在人生路上的彼此擁有更多機會。想要讓生活和樂圓融，就要學會包容的智慧。用寬容的心情面對事情，不能只活在自己的世界，一味以自己的眼光看待別人，一味以自己的主觀意識做爲行事標準。

心態決定你的成敗

心態決定了一切，再無其他的選擇時，所激發出來的潛力，將令人刮目相看，這就是「破釜沉舟」的決心。

有一段膾炙人口的話是這麼說的：「心態就是人真正的主人，如果你不用積極的心態駕馭生命，那麼生命就會反過來駕馭你！你的心態將決定誰是騎師，誰是馬。」

用不同的心境面對環境，人生就會產生各種可能；你會擁有什麼未來，完全在於你用什麼心態面對現在。

人生的道路很漫長，難免會遇到不如己意卻又無法改變的情況。這時候，

不必患得患失，你唯一要做的就是要求自己改變一下念頭。

某位著名流行音樂節目主持人，曾經說過自己親身經歷的故事。

二十年前一個雨雪霏霏、北風烈烈的季節，剛剛中學畢業的他，帶著對音樂的狂熱，隻身來到納什維爾，希望成爲一名流行音樂節目主持人。

然而，他卻四處碰壁，一個月下來，口袋裡已差不多空空如也。幸好，一位在超級市場工作的朋友，偷偷把準備銷毀的過期食品拿來接濟他，才能勉強度日。

到最後，他身上只剩下一張一美元鈔票，怎麼也捨不得把它花掉，因爲上面有著一位他喜愛的歌星的親筆簽名。

一天早晨，他在停車場發現一名男子坐在一輛破舊不堪的汽車裡。

一連兩天，這輛汽車都停在原地，車內的男子每次看到他，都溫和地向他揮揮手。

他心裡不禁納悶，這麼大的風雪，這名男子待在那兒做什麼？

第三天早晨，當他走近那輛汽車時，那名男子把車窗搖下來。他停住腳步，和男子攀談起來。

聊了一會，他知道男子是來這裡應聘的，但因爲早到了三天，無法立即工作，錢又花完了，所以只好不吃不喝地待在車裡。

這名男子忸怩了片刻，然後紅著臉問是否可以借給他一美元買點吃的，日後他必定會奉還。

然而，這位流行音樂節目主持人根本自身難保，只好侷促不安地向他解釋了自己的困境，後來實在不忍看到他失望的表情，因而倉皇轉身離去。

剎那間，他想起口袋裡的那一美元。猶豫了再猶豫，他終於下了決心，回到那人的車前，把錢遞給了那個男子。

這名男子的兩眼頓時亮了起來。「有人在上面寫了字。」他說。

男子沒有留意到那是一個名歌星的親筆簽名。而那一整天，音樂節目主持人都強迫自己儘量不去想這珍貴的一美元。

彷彿時來運轉似的，就在當天早晨，一家電台通知他去錄製節目，薪金五百美元。從那以後，他一砲打響，成爲正式節目主持人，再不用爲吃穿用度發愁。

他再也沒見過那輛汽車和那名男子。有時候，他不禁要想，這個落魄男子到底是乞丐，還是上天派來的使者？但有一點是清楚的，這是他人生碰到的一次至關重要的考試，而他通過了。

如果沒有岸礁，怎可能激盪出美麗的浪花？相同的，人生未經挫折的歷練，也感受不出生命的美好。

爲了夢想而投注一切，卻遇上了瓶頸而停滯不前，前頭無路，又不甘心就此放棄，已到了山窮水盡的時候，人沒有一定的覺悟，就沒有辦法丟出手中僅剩的籌碼。

在自我束縛的情況下，就永遠沒有辦法放手一搏，絕對不會有所作爲，只

會不斷無助地等待，直到機會完全流逝。

那名主持人，如果死守著手中的一美元，仍爲自己留了後路，當他遇到機會的時候，就不會拼盡全力以求絕處逢生，也許機會就輪不到他手中。

心態決定了一切，當他告訴自己，這是最後的機會，再無其他的選擇時，所激發出來的潛力，將令人刮目相看，這就是「破釜沉舟」的決心。

他珍惜的一美元，爲他帶來值得珍惜的良機，當他把握住機會，他已經踏出了自我的罣礙，勇敢地邁向人生的另一段旅途。

該感恩的，不該視為理所當然

想要平靜快樂的生活，不留遺憾，就該常懷感恩之心，隨時準備回報關懷我們的愛，或許就先從我們生命中重要的人、事、物開始。

在成長的過程當中，我們恣意地享受父母羽翼下所提供的溫暖，長久下來，漸漸視爲理所當然，甚至對於父母的頻頻關心視爲叨唸，嫌他們麻煩，竟忘記在我們成長之後，他們已漸漸垂老。

下面是一則感動人的故事，提醒我們不要忘了及時回報雙親的養育之恩，即使只是爲他們洗洗腳也罷。

一位日本知名大學畢業生前往一家大公司應徵，由社長親自面試的最後關卡，他從容應對，展現不凡的實力。當面談快結束時，社長靜靜地審視著他的臉，出乎意外地問：「你替父母洗過澡或擦過身體嗎？」

「從來沒有過。」青年很老實地回答。

「那麼，你替父母捶過背嗎？」

青年想了想，回答說：「有過，那是我在讀小學的時候，那次母親還給了我十塊錢。」

面談很快地結束了，當青年臨走時，社長突然對他說：「明天這個時候，請你再來一次。不過，有一個條件，剛才你說從來沒有替父母擦過身，明天來這裡之前，希望你一定要爲父母擦一次身。你能做到嗎？」

既然這是社長的吩咐，攸關著工作的成敗，因此青年一口答應。

這名青年剛出生不久後父親便去世，母親爲人幫佣拼命掙錢，養兒持家。

儘管大學學費令人生畏，但他的母親仍毫無怨言，繼續幫佣供他上學。直至今日，母親還外出工作，等青年到家時，母親還沒有回來。

青年心想，母親出門在外，腳一定很髒，他決定替母親洗腳。

母親回來後，聽到兒子要替她洗腳，不禁感到很奇怪：「腳，我還洗得動，我自己來洗吧。」

於是，青年將自己必須替母親洗腳的原委一說，母親只好依著兒子的要求坐下，把腳放進水盆裡。

青年右手拿著毛巾，左手抓握著母親的腳，他訝異地發現母親的那雙腳已經像木棒一樣僵硬，不由得摟著母親的腳潸然淚下。回想起在讀書時，他是如何理所當然地花用著母親如期送來的學費和零用錢，現在他才知道，那些錢其實是母親以血汗換回來的。

第二天，青年依約去那家公司，對社長說：「現在我才知道母親為了我受了很大的苦，你使我明白了在學校裡沒有學過的道理，謝謝社長。如果不是你，我還從來沒有握過母親的腳，我只有母親一個親人，我要好好照顧，再不

能讓她受苦了。」

社長點了點頭說：「你明天到公司上班吧。」

一場面試讓一名青年及時醒悟，在他的人生中還有一件重要的事——奉養父母。

我們往往理所當然地接受家人的關注，以及不需理由的支持，結果常常忘了感恩。虧欠別人的會一直耿耿於懷，隨時想找機會報恩，償還人情債，但是面對親人的援手，好像就可以省去這個步驟，認爲：「反正你應該知道我是在乎你的，不就好了？」然而，這樣眞的就好了嗎？

其實，我們又不具有窺心的能力，怎麼可能理所當然認爲對方應該知道自己的想法呢？就算親子連心，把話放在心底和把愛說出來，相信也是截然不同的感受。既然家人是你深愛、重視的，爲什麼反而不曾在乎過他們的感受呢？

不懂感恩的人無法快樂，因爲當你對事物有過多理所當然的期望時，一旦

期望落空時，所感受到的會是更多的失望，心情只會更加沮喪，如何快樂得起來？

反觀，對事物沒有太多期望的時候，當結局遠超過預期的美好，除了心情雀躍之外，心中必定更是感激莫名的。

大部分的人都是在面臨失落的威脅之際，才會心生感激，才有感恩的想法，因爲曾經以爲再也無法擁有。

由此可見，感恩與快樂是有相乘的關聯存在。

想要平靜快樂的生活，不留遺憾，就該常懷感恩之心，隨時準備回報關懷我們的愛，或許就先從我們生命中重要的人、事、物開始。

輕視別人就是貶低自己

自我的價值是來自於自己的肯定，外在的名氣是眾人所給予的，今日得到了，他日就可能失去了，不然怎麼會有人說「虛名如浮雲」呢？

俗語說：「人怕出名，豬怕肥」，身爲名人或公眾人物，可能就代表著隱私權被剝奪，因爲處處都有人睜大眼睛看著他們，爲了維護自己的形象，可能忍受了旁人無從得知的巨大壓力。

當然，也有人很享受名氣所帶來的種種好處，包含高人一等的優越感與虛榮感。

只是，即便是眾星拱月的大主角，也不一定能讓所有的人隨之起舞。

電影明星洛依德將車子開到檢修站例行維修檢查，一名女性工作人員負責接待他。

她熟練靈巧的雙手和美麗的容貌，一下子吸引了洛依德。當時，整個巴黎都知道他的名氣，可說是無人不知、無人不曉，但這位姑娘卻絲毫不表示驚異和興奮，只是專心忙著自己的工作。

「妳喜歡看電影嗎？」他禁不住問道。

「當然喜歡，我還是個影迷呢。」

女孩手腳伶俐，很快地完成了汽車的維修工作，然後對洛依德說：「您可以開走了，先生。」

但洛依德卻感到有點依依不捨：「小姐，可以陪我去兜兜風嗎？」

「不！我還有工作。」

「這同樣也是妳的工作，妳修的車子，最好親自檢查一下。」

「好吧，是您開還是我開？」

「當然我開，是我邀請妳的嘛。」

車況非常良好，一路行來平穩又順暢。女孩開口問道：「看來沒有什麼問題了，請讓我下車好嗎？」

「怎麼，妳不想再陪陪我了？我再問妳一遍，妳喜歡看電影嗎？」

「我回答過了，喜歡，而且是個影迷。」

「那，妳不認識我嗎？」

「怎麼會不認識呢？您一進來，我就認出您是當代影帝阿列克斯．洛依德。」

「既然如此，妳為何還這樣冷淡？」

「不！您錯了，我沒有冷淡。只是沒有像別的女孩子那樣狂熱。您有您的成就，我有我的工作。您來修車是我的顧客，如果您不再是明星了，再來修車，我也會一樣地接待您。人與人之間不就應該是這樣嗎？」

洛依德不禁沉默了。因為，在這名女修車員的面前，令他感到自己的淺薄

與虛妄。

「小姐，謝謝！妳讓我知道，我應該認眞反省一下自己的價值。現在讓我立刻送妳回去。」

人往往會因爲外在的包裝或是渲染而把自己想得太過高貴，其實哪有人眞的是鑲金帶銀的呢？每一個人都不過是皮囊之軀罷了！

只不過有一點小小的功名成就，別人不一定要向你卑躬屈膝，如果因此而看不起別人，其實是輕視了自己，最後終究會自取其辱！

人生在世，其實每個人都應該是平等的，不見得身爲總統就比別人高尙，畢竟總統也是替人民做事的呀！自我的價値是來自於自己的肯定，外在的名氣是衆人所給予的，今日得到了，他日就可能失去了，不然怎麼會有人說「虛名如浮雲」呢？

偶像明星是因爲有歌迷、影迷的支持，才有所謂的名氣與人氣，如果沒有

歌迷、影迷願意掏腰包花錢去買唱片、去看電影，即便是明星又如何呢？別人活該匍匐在他們的腳下嗎？

愈是聲名在外，就應該愈懂得謙卑感恩才是；唯有懂得尊重他人，才能獲得他人的尊重。

所以，那名女修車員應對得漂亮，即使是影帝，在修車廠內也不過是一名顧客而已，並不須要給予特殊的禮遇，公事只要公辦就成了。

為善更要心存慈悲

在幫助別人的時候，我們更應該心存慈悲、小心翼翼，因為人在低潮的時候，特別敏感，特別易傷自尊，很容易把別人的好意視為同情與憐憫。

哈利．提佩特認爲：「在所有美德所形成的花園中，慈悲是最可愛的一朵小花。它可以在所有的土壤中綻放、盛開，甚至是在最黑暗的角落裡。它知道無論在任何季節裡，以及在任何地方，它能一樣茂盛成長。」

這個世界需要更多慈悲的行爲，來驅動人類內心善良的力量，讓世界變得更加美好。只是，爲善也要懂得運用方法，否則不但得不到別人的感謝，反而適得其反。

還記得古時候那位堅持不吃嗟來食因而餓死的饑民嗎？即使是貧窮和弱勢，甚至是走投無路的人，也有權利決定不去滿足你虛榮的慈悲心。

從前有位善心的富翁，蓋了一幢大房子，他特別要求營造的師傅，把那四周的屋簷，建得加倍的長，使貧苦無家的人，能在下面暫避風雪。

房子建成了，果然有許多窮人聚集簷下，但是日久下來，他們非但不肯離去，甚至生火煮飯，擺起攤子做買賣。嘈雜的人聲與油煙，使富翁不堪其擾；心中不悅的家人，也常與簷下的人爭吵。

一年冬天，有個老人在簷下凍死了，大家更是破口大罵富翁為富不仁。到了夏天，一場強風颳過，別人的房子都沒事，富翁的房子因爲屋簷特長，居然被掀了頂，村人們都說這是惡有惡報。

重修屋頂時，富翁要求只建小小的屋簷，因爲他明白：施人餘蔭總讓受施者有仰人鼻息的自卑感，結果由自卑變成了敵對。

後來，富翁把錢捐給慈善機構，並蓋了一間小房子，所能蔭庇的範圍遠比以前的屋簷小，但是四面有牆，許多無家可歸的人，都能在其中獲得暫時的庇護。沒過幾年，富翁成了村中最受歡迎的人，即使在他死後，人們仍然紀念著他。

在幫助別人的時候，我們更應該心存慈悲、小心翼翼。因為，人在低潮的時候特別敏感，特別易傷自尊，很容易把別人的好意視為同情與憐憫，處理得不好，彼此都會受到傷害，施者覺得自己的熱臉貼上了冷屁股，而受者則有嚴重的羞辱感。

相信我們在伸出援手的時候，目的並不是為了要沽名釣譽，抑或是藉著別人的悲慘遭遇來突顯自己的優越感，所以，我們不需要去做一些形式上的施與，那沒有任何實質上的幫助，而是要眞正從自己出得了力的地方著手，顧全對方的自尊，才是眞正的助人。

我們無法化解別人的哀傷，因爲事實上除非我們有過同樣的遭遇，否則不可能感同身受，但是我們能夠傾聽與陪伴，分受種種情緒，讓他們依自己的步調走出傷痛。

就如同一句德國諺語所言：「分受別人的哀傷，可以讓哀傷減半；分享別人的喜悅，可以讓喜悅加倍。」

有人說：「世界就像一面鏡子，它反映著你所做的一切，如果你肯對他人微笑，他們也會對你報以一笑。」

秉持著善意行事，行動之前站在對方的立場上設想，就能夠減低誤會的發生。就像故事中的富翁一般，他原想爲善不欲人知，卻沒有想到未能貼近那些需要幫助的人眞正的需求，所以收到了反效果，反而受人怨懟。

與其如此，倒不如提供求助的管道，比方說慈善機構等，讓有需求的人可按圖索驥，讓需要幫助的人，眞正得到幫助。

心靈的傷口，即使彌補仍留疤痕

人在憤怒的時候，所說的話語全部是以攻擊、傷害對方為出發點，即使事後後悔了，也如同那些遺留下來的釘孔般，永遠沒有辦法恢復原狀，再怎麼彌補也看得出痕跡。

發脾氣是很容易的事，只要心中不滿，臉上的表情看來一定難看醜陋，即使笑也是強顏歡笑。

可是，當我們貿然把怒氣向旁人揮灑時，別人所受到的傷害，並不是我們所能預期與設想的。

英國哲學家羅素曾說：「一個人越不懂得控制自己的人，越是察覺不出自己傷害了別人，也傷害了自己，因為眼前的事物蒙住了他的眼睛。」

如果你不想浪費自己的生命，那麼，就必須控制自己的情緒，千萬不要爲了一些無謂的小事和別人僵持。

有個脾氣很壞的小男孩，幾乎無時無刻不生氣，常常鬧得雞飛狗跳、不得安寧。

一天，他的父親給了他一大包釘子，要求他每發一次脾氣都必須用鐵鎚在後院的柵欄上釘一根釘子。

第一天，小男孩就在柵欄上釘了三十七根釘子。

但隨著時間過去，柵欄上的釘子數目逐漸減少了，因爲他發現控制自己的壞脾氣比往柵欄上釘釘子要容易得多了。於是，過了幾個星期，小男孩學會控制自己的脾氣了。

他把自己的轉變告訴了父親。他父親又說：「如果你能維持一整天不發脾氣，那麼，就從柵欄上拔下一根釘子。」

經過一段時間，小男孩終於把柵欄上所有的釘子都拔掉了。父親來到柵欄邊，對男孩說：「兒子，你做得很好。但是，你看釘子在柵欄上留下那麼多小孔，柵欄再也不會是原來的樣子了。記住，當你向別人發過脾氣之後，就會在人們的心靈上留下疤痕，就好比用刀子刺向了某人的身體，然後再拔出來。無論你說多少次對不起，那傷口都會永遠存在。口頭上的傷害與肉體的傷害沒什麼兩樣。」

雖然有很多人建議我們，不要太在乎別人的看法，會讓自己過得比較快樂，但事實上，我們很難不去在乎別人的看法。

如果有人對我們發出攻擊的言辭，儘管可以據理力爭，即使在口語、面子上不落人後，但是內心受傷的感覺卻無法消除。

所以說，吵架是一項兩敗俱傷的活動，吵贏的和吵輸的一定都不可避免的造了口業，更何況人在憤怒的時候，所說的話語全部是以攻擊、傷害對方為出

發點，即便事後後悔了，也如同那些遺留下來的釘孔般，永遠沒有辦法恢復原狀，再怎麼彌補也看得出痕跡。

只是很可悲的，即使是最親近的人，也會發生摩擦，也會彼此爭執，也同樣會在爭執之中彼此傷害。

因此，爲了不讓自己後悔誤傷了自己重視在乎的人，請小心地宣洩自己的情緒，在發脾氣之前想辦法冷靜下來，好比用力深呼吸幾次，想想看有沒有什麼比爭吵罵人更好的方法，或許你就能做出不讓自己後悔的決定。

6. PART

與其消滅敵人，不如增加盟友

以時間換取空間，
以不流血、不衝突的方式，
無形之中，也能達成敵消我長的目的。

放棄之前，再給自己一次機會

挫折與艱困，常常會讓人受不了身心的折磨而萌生放棄的念頭，只是，回想前路的辛苦，都付出那麼多了，就這麼放棄了，不是很可惜嗎？

透過觀察比較，我們可以知道，強者與弱者只有一線之隔，強者高明的地方在於永不放棄，能夠堅定不移按照自己既定的人生目標前進。

至於弱者則平時展現出一副自己很厲害、很英勇的模樣，但是遇到失敗挫折就怨天尤人，最後氣餒地放棄。

其實，只要有了奮戰到底的堅強意念，竭盡全力、用心做到最好，你也一定會和科幻小說大師凡爾納一樣，受到成功之神的眷顧。

法國著名的科幻小說家凡爾納，將他的第一部科幻小說《氣球上的五星期》的手稿，先後寄給十五家出版社後，很快地，也先後收到了十五家出版社的退稿。當時的凡爾納絕望地想：「這些出版商看不起像我這樣的無名作者，我再也不寫什麼科幻小說了！」

一氣之下，他走到壁爐邊，準備把書稿都燒了。

「不能燒呀！」妻子把手稿搶了過去，說：「凡爾納，別灰心，再試一次啊！也許機會和運氣就要來了呢！」

凡爾納聽了妻子的勸告，於是帶著稿子，毅然地來到第十六家出版社。

這家出版社的經理赫哲爾是個頗具獨到眼光的人，在他讀完凡爾納的原稿後，發現他的作品有一種與眾不同的獨特魅力，更斷定凡爾納是個很有才華的年輕作家，一定會在文壇大放異彩。於是，他決定立即出版此書，還與凡爾納簽訂了長達二十年的合約。

果然不出赫哲爾所料，《氣球上的五星期》出版後，受到廣大讀者的歡迎，而凡爾納的科幻小說從此也風行全球。

從三十五歲寫了第一本科幻小說開始，直到七十七歲逝世為止，整整四十二年，凡爾納手上的筆從未停頓過。

很多時候，阻礙我們成功的「小人」並不是別人，恰恰是我們自己，只要戰勝自己，誰都能握住成功的契機。

因為妻子的支持，鼓勵凡爾納「再試一次」，所以才能讓凡爾納抓住這第十六次的機會，並且登上科幻小說大師的崇隆地位。

挫折與艱困，常常會讓人受不了身心的折磨而萌生放棄的念頭，只是，當你細細回想前路的辛苦，都付出那麼多了，就這麼放棄了，不是很可惜嗎？

這個時候，不如換個角度想吧！與其日後抱怨，付出那麼多卻沒有得到回饋，不如繼續堅持下去，再給自己一次機會。

有些事，不要說破比較好

當感受到別人的善意時，別忘了要以善意回報；懂得體貼別人的感受，才能獲得別人的尊重。

在人生的旅途中，總會出現許多「貴人」，提供了許多不同的建議。能夠虛懷若谷，虛心地接受他人的意見，當然可以幫助自己釐清混亂的思緒，有時說不定這是及時照亮自己生命的一盞明燈。

可是，有時候，「貴人」一下子出現太多，給了完全相反的建議，那麼究竟該聽誰的呢？會不會反而讓原本的情勢變得更加混亂呢？

萬一，別人的建議和自己的思考方向截然相反，那麼又該如何是好呢？如

果斷然推拒，又是否會被視爲不知好歹或目中無人呢？

有一回，日本知名的歌舞伎大師勘彌，在劇中扮演古代一位徒步旅行的旅人，當他正要準備上場表演時，一個門生好意地提醒他說：「師傅，您的草鞋帶子鬆了。」

他回答了一聲：「謝謝你。」然後蹲下來，繫緊了鞋帶。

然而，當他走到門生看不到的舞台入口處時，卻又蹲下，將才剛繫緊的鞋帶又再度扯鬆。

戲一開鑼，才知道他是想以拖著鬆鬆垮垮的草鞋，來表現旅人長途旅行的疲態，如此細膩的演技，讓人看出勘彌的過人之處。

這一幕，正巧落入一位到後台採訪的記者眼中，等戲演完了，記者連忙藉機問勘彌：「爲什麼你不直接告訴那位門生你的想法呢？顯然他是不懂得這幕戲的眞諦呀。」

勘彌只是笑笑地回答說：「對於別人的親切關愛與好意，必須坦然接受，想要教導學生演戲的技能，機會多的是，在今天的場合，最重要的是，要以感謝的心，去接受別人的提醒。」

的確，別人提出的建議，不論適不適用，多半都是出於好意與關心，是以善意為出發點。但是，既然是別人，自然就不會明白自己內心的眞實想法，有時難免會有幫錯忙或幫倒忙的情事發生。

為了規避這種狀況發生，是否就非得採取斷然拒絕的方式？

如果勘彌直接拒絕門生的好意，要他不必雞婆，那麼，是否會因此刺傷門生，使他心中產生羞愧的陰影？至於勘彌本人，即將上台的心情，是否也會因此受到影響？

讓對方伸出的友誼之手僵持在半空中，下不了台的恐怕不只對方一人吧，想必連當事人自己也會尷尬得很！

所以，勘彌的處理方式很值得讓我們進一步思考。勘彌當然可以直言不諱，指出門生不懂之處，給他當頭棒喝，這個教訓應該會讓門生印象深刻，但是，相對的，心中的羞辱感，必定也是久久揮之不去吧！

如何透過委婉的方式讓門生理解事物的眞諦，才是教育的最佳形式。

傳道、授業、解惑，可不是只有一種方法而已，重要的是從各個層面讓學生有所學習，有所收穫。勘彌溫和不傷人的做法，顧全了彼此的尊嚴，也維持了當時的和諧氣氛，不愧是一代宗師。

當感受到別人的善意時，別忘了要以善意回報；懂得體貼別人的感受，才能獲得別人的尊重。

迷信權威，不如相信自己

要有判斷是非對錯的能力，只要認為自己是對的，就要極力堅持到底，因為就算你不是專家，你也不一定就是錯的。

愛因斯坦曾經說過：「專家只不過是訓練有素的狗。」然而，在現今的社會中，許多人還是不免要聽任專家與權威人士擺佈。

打開電視、報章、雜誌，每天都有專家教你吃，教你打扮，教你如何生活、教你如何炒股票……

當然，專家和所謂的權威人士所說的，的確是他們的做法在某些領域中有過較爲突出的表現，而這些方法也得到較多數人的認同，有些時候的確很有參

考價值。

但是，專家和權威人士也是不斷在摸索、不斷在修正的凡人，是否要將他們的話奉若圭臬，毫不考慮地全盤接受，就很值得商榷了。

世界知名的日裔交響樂指揮家小澤征爾，在一次歐洲指揮大賽的決賽中，按照評委會給他的樂譜指揮演奏時，發現幾處感覺不太和諧的地方。

他認爲是樂隊演奏錯了，於是停了下來，要求重新演奏，但一連試了幾次，仍然覺得不如己意。

當時，在場的多位作曲家和評委會的權威人士都鄭重地說明，樂譜絕對沒有問題，那只不過是小澤征爾的錯覺罷了。然而，這些音樂大師和權威人士的一致保證，卻無法化解小澤征爾心中的疑惑，依據他的專業判斷，認爲樂譜本身一定有瑕疵。

他低頭沉默地思考再三，突然大吼一聲：「不，一定是樂譜錯了！」

他的話音剛落，評審台上立刻報以熱烈的掌聲。

原來，這是評委們精心設計的圈套，以此來檢驗指揮家們在發現樂譜錯誤並遭到權威人士「否定」的情況下，能否堅持自己的正確判斷。

小澤征爾之前的兩位參賽者，雖然也同樣發現了問題，但最終卻因選擇屈服於權威，不敢提出質疑，所以遭到淘汰。

小澤征爾堅持自己的信念，勇於挑戰權威，因此，贏得了這次指揮家大賽的桂冠殊榮。

專家也可能判斷錯誤，專家也可能受到蒙蔽，專家說的不見得每件事都是對的。所以，人必須有自己的原則，必須有判斷是非對錯的能力，必須有勇於堅持到底的決心。

哲學家柯別里說過：「如果我們自己比擬為泥塊，那我們最後就會成為被人踐踏的泥塊。」

如果凡事沒有自己的主見與堅持，只不過隨波逐流，盲目地追隨權威人士的腳步，不斷屈從於別人的想法，終究會成為被人踐踏的泥塊而不自知。

日前不是曾經發生過這樣的新聞嗎？

有位在電視頻道上為觀眾分析股票走勢的大師，剛開始的分析和內線消息的確讓某些人賺了錢，於是吸引了大量的股票族，紛紛加入成為會員，將之奉若神明。

只要他在電視上告訴大家去買某股票，第二天，就會因為買氣熱烈而拉出紅盤，或者只因他透露了某股票的壞消息，接著就引起劇烈的走勢震盪，來不及跑掉的人，就慘遭套牢。

原來，他是利用自己的威望，集結所有的散戶的力量，針對特定的股票進行炒作，當一大堆會員因聽信他的話而脫不了身時，權威大師早已於事前大量拋出手中持股，翹著二郎腿數鈔票了。

你能說那些被套牢的股票族愚笨嗎？

我想，他們只是不夠聰明，不敢敢相信自己罷了。

當他們的直覺告訴自己事情可能有問題的時候，他們卻選擇漠視心中的警訊，執迷不悟的結果，受傷害的當然是自己。

法國文豪大仲馬曾經在他的著作中寫道：「未來有兩種前景，一種是猥猥瑣瑣的，一種是充滿理想的。上蒼賦予人自由的意志，讓人可以自行選擇，你的未來就看你自己了。」

人要有判斷是非對錯的能力，只要認為自己的判斷是對的，就要極力堅持到底，因為就算你不是專家，你也不一定就是輸家。

與其消滅敵人，不如增加盟友

以時間換取空間，以不流血、不衝突的方式，無形之中，也能達成敵消我長的目的。

由於處事的立場不同，自然會有所謂的「敵友之分」，但是否一旦成爲敵人，就永遠不可能成爲朋友？是否彼此的意見不同，就非得要互相敵對，誓不兩立，如同莎士比亞筆下的羅密歐與茱莉葉家族，還得世世爲仇，直到犧牲了羅密歐與茱莉葉的愛情爲止？

其實，世上沒有永遠的朋友，也沒有永遠的敵人，一旦雙方的立場改變，局勢也將隨之改變。

以自由、平等爲信念的亞伯拉罕．林肯，在擔任美國總統的時候，對待政敵的態度，一度引起一位高層官員的不滿。

這位官員批評林肯不應該跟自己的敵人做朋友，而應該戮力地消滅他們，以確保自己的政權。

但是林肯聽了只是微微一笑，「當他們變成我的朋友時，」林肯十分溫和地說：「難道我不就是在消滅我的敵人嗎？」

與其花費心思去消滅一個敵人，不如試圖讓自己增加一位盟友。因爲，當所有的人都成爲你的朋友，哪還有什麼敵人可言？

林肯之所以善待每一位有機會共事的人，是因爲他知道世事變化如此難料，今日的敵人，有朝一日，說不定會成爲自己成功的推手。

朋友，是人生的寶藏之一，有了朋友的支持與激勵，即使是一句話、一個眼神，都可以讓自己在關鍵的時刻中，擁有一分安心的力量，生出強烈的信心，推動著自己勇敢地朝著目標前進。然而，我們也需要敵人，因爲有了敵人的刺激，可以讓自己冷靜下來，正視自己當前的處境，正視自己的弱點。當你有了競爭的對象，也才能帶來更上一層的成長。

如果一味以仇視的態度處理事情，不只預設立場容易使自己蒙蔽了理智，更使得周遭硝煙味十足，隨時都可能擦搶走火，最後造成兩敗俱傷的局面。

倒不如仔細地思索，看看是否能尋找有利於自己的契機，妥善加以運用；找尋可能爲自己所用的人才，慢慢加以拉攏，一點一滴慢慢擴大自己的勢力。以時間換取空間，以不流血、不衝突的方式，無形之中，也能達成敵消我長的目的。

當然，人不能單純到認爲這個世界沒有壞人，但是，最聰明的人，會懂得如何和壞人做朋友，在把持住自己的原則之下，儘量化敵爲友，掌握住致勝的契機。

創意，就是成功的動力

廣告要是做得恰到好處，簡單的一句話，就能發揮最大的效用，如同在平靜的湖水中，投入一個激起陣陣漣漪的石子。

再好的產品，沒有良好的包裝，很難吸引群眾的目光，當然也難以博得大衆的認同。

譬如，一個質感美味的蛋糕，若沒有加上精緻的鮮奶油、水果……等裝飾，似乎就不容易讓人有食指大動的感覺。反之，一個包裝精美的禮盒，似乎就會讓人覺得裡頭的價值一定不低。

包裝的手法，說來可有大學問，非但要做得能勾起別人想一探究竟的興趣，

創意還要能玩得自然且不露痕跡。

如此一來，才能達到宣傳與促銷的效果。

知名的英國文學作家毛姆成名之前，生活過得相當清苦，雖然創作的作品不少，但是銷售狀況不佳，不免有著懷才不遇之憾。

於是，他不斷苦思究竟要如何增加文章的價值，讓自己有機會得到讀者的賞識。

有一次，當他完成一部小說之後，爲了宣傳造勢，便匿名在報紙上刊登了這樣一分徵婚啓事：「本人喜歡音樂和運動，是個年輕又有教養的百萬富翁，希望能和毛姆小說中的女主角一樣的女性結婚。」

幾天之後，毛姆的小說便被搶購一空。

所以說，廣告要是做得恰到好處，簡單的一句話，就能發揮最大的效用，如同在平靜的湖水中，投入一個激起陣陣漣漪的石子。

人人爭相口耳相傳，就是所謂廣告的效益，掌握人們習慣性心態，廢話不多說，就能得到意想不到的效果。

激勵作家戴爾．卡耐基曾經寫道：「如果在自己非常想要做的事情未能成功，不要立刻接受失敗，試試別的方法，因為你的弓不會只有一根弦，只要你願意找到另外的弦。」

未來的人生究竟會怎樣，完全在於你從什麼角度去處理自己所遇到的人生問題，用不同的角度去解決同樣的問題，往往會得到不一樣的結果。

在毛姆的廣告中，營造出一種神祕感與高貴感。他以年輕又有教養的百萬富翁作爲前題，塑造出許多人夢寐以求的黃金單身漢形象，首先吸引了想嫁給百萬富翁的衆家女孩注意；接著是又嫉妒又羨慕的衆家男孩，也想知道究竟百萬富翁想娶的女孩和自己理想中的伴侶有什麼差別。

於是，每個人都想知道「毛姆小說中的女主角」究竟是怎麼樣的人，當然

這本書不大賣不行。

因爲，那則廣告已經成功地引起大衆的注意，儼然成爲一種新流行，不知道「毛姆小說中的女主角」究竟是什麼樣子的人，成了嚴重落伍的ＬＫＫ，豈是一個遜字了得？

這就是成功的廣告，這就是成功的宣傳，如果毛姆沒有掌握出奇制勝的法則，只是一味待在家裡苦等有心人來敲門，那麼恐怕等得再久，都還是默默無聞。

這則令他頓時成爲衆人焦點的廣告，成功地爲他打開作品的知名度，也讓更多人知道他的文采，進而瞭解，進而欣賞，形成了他創作的新動力。

琢磨出興趣的第二專長

工作環境只能綁住你一段固定的時間，只要能於工作時間內將自己的本分完成，其餘的時間便全部都掌握在自己手中，要如何運用，當然也全看自己的安排。

許多激勵大師都強調：「自己愛做的工作才是最好工作」，也就是說，能以自己的興趣爲工作，才是最幸福的。

然而，也有人說，一旦你將興趣當成謀生工具，興趣中的樂趣將會完全被消磨殆盡。

那麼，或許最好的方法，就是從兩者之中取得平衡，說不定能意外地獲得料想不到的收穫。

在荷蘭，有一個年輕的農夫，學歷只有中學畢業，他離開自己的家鄉來到一個小鎮，幸運地找到一分替鎮公所看門的工作。由於這是一個相當穩定的工作，工作內容也不太複雜，於是他一直待在這個崗位上，工作了六十多年。他一生沒有離開過這個小鎮，也沒有再換過工作。

也許是因爲工作太清閒，而他當時又太年輕，不免想在工作之餘，找些事情來做，打發打發時間。於是，他選擇了費時又費力的打磨鏡片，作爲自己的業餘愛好。

就這樣，他磨呀磨，一磨就是六十年，一點也不覺得辛苦，反而磨出了興趣，對於琢磨鏡片的技巧有了相當多的領悟。

他是那樣地專注，細緻的磨鏡技術其實已經遠遠超過一般的專業技師了，由他磨出的複合鏡片，放大倍率都比別人的來得高。

後來，科學家藉由他所琢磨的鏡片，竟然發現了當時科技界尚未知曉的另

一個廣闊的世界——微生物世界。從此，他聲名大振，只有中學學歷的他，榮獲巴黎科學院院士頭銜，連英國女王都曾來到小鎮拜會過他。

這名創造奇蹟的小人物，就是科學史上大名鼎鼎，活到九十歲高齡的荷蘭科學家萬．劉文虎克。

他實實在在地把手頭上的每一塊玻璃片磨好，用盡畢生的心血，致力於每一個平淡無奇的細節，力求每一個細節的完善，科學家們也因此得以透過這些細節裡，看到了更為廣闊的科學前景。

在工作之餘，你會選擇什麼樣的方式來消磨時間？

是一票酒肉朋友為了消除生活與工作帶來的壓力，從小酌一杯到夜夜喝得醉生夢死？還是天天唱KTV，狂歌到天明？

這樣的休閒模式或許在極度的歡樂之後，遺留下來的，反而是更多的疲勞與極度的空虛和落莫感。

有些人則利用休閒之餘，培養自己的興趣，在持續努力不懈之下，開發出自己的第二專長，於正職之外，走出了一片全新的天空。

所以，面對乏味的工作環境，無須因此而灰心喪志，認爲自己永遠沒有出頭的一天。因爲，工作環境只能綁住你一段固定的時間，只要能在工作時間內將自己的本分完成，其餘的時間便全部都掌握在自己手中，要如何運用，當然也全看自己的安排。

如此一來，既不須煩惱沒有辦法維持自己的生活，又可以持續自己的興趣，或許長久下來，也能像萬．劉文虎克一般，走出生命的另一番遠景。他並沒有揚棄他原本的生活方式，只是更加專心致力於自己的興趣當中，從中尋覓出自己人生中的另一種價值。

對得起自己最重要

自己就是自己的主宰，自己的人生要由自己掌握，別人的人生觀、價值觀可以作為參考，但不須刻意附和，也不須曲意承歡。

俗話說：「佛要金裝，人要衣裝」，強調了外在形象對人的重要性，畢竟在這個社會裡，以貌取人的人實在太多了。

這種說法彷彿強調，穿著西裝革履的傢伙，就好像社會地位不凡似的，可以得到別人第一眼的好印象，獲得不同的待遇。

但是，外表的光鮮，眞的代表著實力過人嗎？

有人並卻不這麼認爲，最著名的例子，就是以相對論聞名世界的科學家愛

因斯坦。

一天，初到美國的愛因斯坦，在紐約的街道上遇見一位朋友。

「愛因斯坦先生，」這位朋友說：「你似乎有必要添置一件新大衣了。瞧，你身上這件多舊啊。」

「這有什麼關係？反正在紐約誰也不認識我。」愛因斯坦無所謂地說。

幾年後，他們又偶然相遇。

這時，愛因斯坦已經譽滿天下，卻還是穿著那件舊大衣，他的朋友又建議他去買一件新大衣。

「這又何必呢？」愛因斯坦說：「反正這兒每個人都已經認識我了。」

愛因斯坦不喜歡物質層面的奢華，總認爲自己的成就只不過像在廣闊的海邊拾到的一個漂亮貝殼而已，根本微不足道。更何況，他愈是深入研究這個世界，益發覺得人類的渺小，所以爲人處世更加虛懷若谷。

既然他並不覺得自己的成就過人，當然不會到處誇耀自己的才能，也不會因爲聲譽斐然而感到驕傲，更不覺得有必要爲了討好別人，或是爲了顯示自己的名氣與知名度而刻意修飾外在。

因爲，外表的光鮮亮麗，並不代表裡子紮實，所謂「金玉其外，敗絮其中」，這個世界上名實不符的人實在太多了，而「名過於實」的情況更是時有所聞。

愛因斯坦不在乎別人的看法，不追求外在的名利，只求對自己負責，只執著於自己的信念，所展現出來的，才是名實相符的大師風範。

世人的目光難免太過於刻板，習慣性地認爲，無論從事什麼行業，一定得依著既定的模式去做，彷彿沒照著做的人就是特立獨行，就是格格不入。

但是，我們一定要被這些既定的規範或束縛左右嗎？難道我們不能擁有自己的獨特性嗎？

無須因著他人的眼光過活，只要自己快樂自在就行了，如果奢想獲得所有人的認同，而刻意去違背自己的心意，最後卻落入瞻前顧後、寸步難行的日子，不是過得太辛苦了嗎？

自己就是自己的主宰，自己的人生要由自己掌握，別人的人生觀、價值觀當然可以作爲參考，但實在不須刻意附和，也不須曲意承歡，因爲對得起自己最重要。

人多勢眾不一定就會成功

真理是越辯越明的，別人的批評反而可以讓自己有更多的機會，以另一個角度看待事情。

常言道：「三人成虎」，意思是說，只要有幾個人在街上傳說路上有老虎出沒，最後大家就會信以爲眞了。

謠言傳得多了，常常會混淆視聽、以假亂眞，所謂「一人傳虛，萬人傳實」，說的也是這個道理。然而，眞的只要一些人隨口說說，眞相就會因此而被謊言掩蓋了嗎？還是說，即使千萬人都認爲是錯的，只要是眞理，就有撥雲見日、水落石出的一天？

科學家愛因斯坦自從提出了相對論之後，便在科學界引發了一場巨大的波濤，因爲他的創見當中有不少理論，顛覆了傳統的觀念與說法，因此得到的褒貶不一。

一九三〇年的時候，德國曾經出版了一本批判相對論的書，書名就叫做《一百位教授出面證明愛因斯坦錯了》。

愛因斯坦知道這件事後，卻禁不住哈哈大笑。

他說：「一百位教授，幹嘛要這麼多人？只要能證明我眞的錯了，哪怕一個人出面也足夠了。」

愛因斯坦就是有著這樣的自信，所以他根本不怕與人辯論，因爲眞理是越辯越明的，別人的批評反而可以讓自己有別更多的機會，以另一個角度看待事情。他的從容態度告訴我們，只要自己覺得自己是對的，那麼，不管有多少人反對，都應該堅持下去。

所謂「先者難為知，後者易為攻」，率先提出新理論、新想法的人，本來就會遭受到其他人的質疑與批判。唯有千錘百煉之後，所存留下來的，才是不容辯駁的眞理。

行事當然要抱持著懷疑的態度，才不會讓自己落入人云亦云的陷阱裡，才能夠保持清明的理智，從各種角度去思考可能的盲點，去判斷事情的是非對錯。除此之外，既然透過自己的推論與判斷得出了結論，就要對自己的答案有信心，不要每每想找人背書，非得要一群人壯大了聲勢，才敢去找人理論，這不反而顯得自己氣弱了嗎？

一百位教授又如何？人數的多寡並不是致勝的唯一要素，重點在於所使用的武器夠不夠精良，有沒有睿智的攻防策略。

也就是說，切入的角度和論點，是不是眞有與別人抗衡的能力，如果是的話，最後留存下來的才是最站得住腳的理論。

該記住的和最好忘卻的

每個人都是獨立的個體，沒有誰理所當然該為誰做什麼事，所以當別人出於善意對你伸出援手時，別忘了也要隨時準備伸出自己的手。

雖然大多數人對於「以德報怨」、「感恩圖報」之類道理耳熟能詳，但是實際上，人性最大的盲點正在於，別人對自己有所虧欠的時候耿耿於懷，別人施惠於自己時，則視為理所當然，而且事後忘得一乾二淨。

阿拉伯名作家阿里，有一次和吉伯、馬沙兩位朋友一起外出旅行。當三個

人來到一個山谷時，馬沙一不小心失足滑落山崖，幸好吉伯拼命拉住他，費了九牛二虎之力才將他救起。

當時，馬沙就在附近的大石頭上深深地刻下了一行字：某年某月某日，吉伯救了馬沙一命。

三個人繼續向前又走了幾天，來到了一處河邊，吉伯與馬沙卻爲了一件小事吵起來，吉伯一氣之下打了馬沙一耳光。於是，馬沙也在沙灘上寫下一行字：某年某月某日，吉伯打了馬沙一耳光。

事後，當他們結束旅程，阿里偶然再遇見馬沙，想起旅行中的過程，不禁好奇地問他：「爲什麼當初你要把吉伯救你的事刻在石頭上，而將吉伯打你的事寫在沙上？」

馬沙回答：「我永遠都感激吉伯救我。至於他打我的事，隨著沙灘上字跡的消失，我也會忘得一乾二淨。」

詩人紀伯倫曾說：「你過得是否幸福，並不是以什麼事情發生在你身上來做決定，而是在於你用什麼態度看待這些事情。」

人過得幸不幸福，生命有沒有積極意義，完全在於用什麼態度看待發生在自己身上的事。

人與人之間的交往，其實是一種深刻的緣分，不論交往的過程與結果，都是很值得珍惜的一種經驗。然而，正因為彼此頻頻互動，發生摩擦是在所難免的事。

人在生氣的時候，難免會有失去理智的行為，可能會口不擇言，可能會一時失手，如果雙方都不肯相讓，爭吵更是常有的事，事態惡化的話，一段難得的情誼，很可能就因此而灰飛煙滅。

所以，馬沙將他與吉伯兩人之間的不愉快寫在沙上，讓它隨著時間的流動，漸漸淡去痕跡，彼此仍是好朋友、好夥伴，不會因為一點點無謂的嫌隙而記恨在心，成為殺死友誼的劊子手。

但相反的，若因為覺得朋友是自己人，所以認為朋友對自己好是理所當然

的，久而久之，就會失去心中應有的感激，最後說不定還會讓自己變成了忘恩負義的傢伙。

朋友沒有欠你，沒有必要主動爲你做任何事，就算你出口要求，他也可以考慮考慮再說。所以，如果他願意幫忙，不就是很夠意思了嗎？

事實上，就連親密如家人之間所給予的援助，我們都應當銘記在心，適時以自己做得到、最恰當的方式去報答。

每個人都是獨立的個體，沒有誰理所當然應該爲誰做什麼事，所以，當別人出於善意對你伸出援手時，別忘了感恩圖報，日後也要隨時準備伸出自己的手。

7. PART 把優點放在別人看得到的地方

如果不能把自己的優點放在別人看得見的地方，
那麼就很難會有出線的機會，
因為，沒有做事的機會，
又哪來成功的機會呢？

只是倒楣，還算幸運

凡事多看積極面，對於自己的情緒會有很大的激勵效果，心情好轉了，看待事物就不那麼灰暗，不知不覺人也跟著亮起來。

人生不如意十之八九，總是沒有事事順利的。有些時候，甚至覺得爲什麼霉運不斷，好像什麼衰事都迎面而來，眞的是福無雙至，禍不單行。

然而，只要在心態上略作調適，告訴自己，只不過是倒楣而已，其實還算幸運。或許心裡的感覺會好許多。

有一次，曾任美國第三十二任總統的富蘭克林，羅斯福家中遭了小偷，財物損失相當嚴重。

他的一位朋友知道這件事以後，便寫信來安慰他。

當下，羅斯福回了一封信給朋友：「親愛的好友，謝謝你特地來信安慰我，託你的福，我現在很平安，更感謝上帝，因爲：第一，賊偷去的只是我的財物，而沒有傷害我的生命；第二，賊只偷去我的部分東西，而不是全部；第三，最値得慶幸的是，做賊的是他，而不是我。」

在我們受到的委屈的時候，總不免會心生抱怨，甚至怨天尤人，埋怨自己爲什麼會遭受到這樣的不幸。

但有些時候反向來思考，我們其實只不過損失了部分，卻保留住更多的幸福呢！

正如羅斯福信中所寫的：失去的是東西、保留的是生命。試問兩者相較下，

何者對你而言是最重要的呢？

答案應當很明顯吧！畢竟唯有擁有生命，才有機會去享受一切呀！

所以，凡事多看積極面，對於自己的情緒會有很大的激勵效果。心情好轉了，看待事物就不那麼灰暗，不知不覺人也跟著亮起來，好的事物與善的事物必定會接踵而來。

至於倒楣的事，就拋向腦後吧，即使發霉了，也不干你的事。

不要把方法想得太複雜

當我們能主動正視困難、面對問題時，也許就會發現事情並非我們想像的那樣麻煩。

我們不能期望一生順遂，半點阻礙都沒有，因爲人生中最大的阻礙可能就是我們自己，若不能破除心魔，當然沒有辦法前進。

只要讓自己做好萬全的準備，就不怕任何迎面而來的困難。當我們能主動正視困難、面對問題時，也許就會發現，事情並非我們想像的那樣麻煩。

有個名叫瓊斯的新聞記者，剛剛踏入這個行業時，不但個性內向而且極爲羞怯怕生，這樣的性格在新聞界裡是相當吃虧的。

有一天，他的上司把他叫進辦公室，命他去訪問大法官布蘭代斯。瓊斯大吃一驚，不禁說道：「我怎麼可能要求單獨訪問他？布蘭代斯又不認識我，他怎麼肯接見我？」

但上司絲毫不聽他的理由，只要他在期限內完成任務。

他回到自己的座位上皺著眉頭發愁，一位記者同事聽了他的煩惱，二話不說，立刻拿起電話打到布蘭代斯的辦公室，法官的秘書接了電話。

他說：「我是明星報的瓊斯，你好，我奉命訪問法官，不知道他今天能否接見我幾分鐘？」

當他聽完對方答話，然後說：「謝謝你，一點十五分，我準時到。」他把電話放下，對著驚訝得目瞪口呆的瓊斯說：「你的約會安排好了，其實沒那麼困難，不是嗎？」

事隔多年，瓊斯回憶說：「從那個時候起，我學會了單刀直入，儘管做起

來不易，但卻極有效用。一旦克服了心中的畏怯，下次就比較容易一點。」

每個人都一定能分辨得出「積極」與「消極」的不同，但是卻很少人能強迫自己少去想消極的事，而多多培養積極的行動。唯有行動才能知道結果，唯有行動才能得出成果。就如同故事中的瓊斯，如果不是同事幫他打了那通電話，他就不會明白事情原來並沒有想像中那麼困難。

所以，積極去嘗試，不要怕遭受拒絕；被拒絕了，換個方式再試一次，也不無不可。只要樂觀，終究有成功的一天。

知名導演珍康萍說過：「重要的不是成功，而是勇於嘗試。」

有許多人把行動的方法想得太複雜，於是常常裹足不前，最後才怨嘆自己錯失良機，實在不值得同情。

就像瓊斯所說的「單刀直入」，一旦看準目標，就要把握時機立刻出手，萬一沒能一刀砍中，那麼抽刀再刺，最後總能擊中目標的。

鼓勵你深愛的人，感謝支持你的人

不要忘了給我們深愛的人多一點鼓勵，也不要忘了謝謝曾在我們生命中給支持的人，在施與得之間，流動的是彼此真摯的感情，是啟動希望的樞鈕。

法國作家巴爾札曾寫過一段鏗鏘有力的話語：「不幸，是天才的晉身之階，信徒的洗禮之水，能人的無價之寶，弱者的無底之淵。」

人的一生當中，可能會遇到各式各樣的困難和挫折，想要讓生命昇華，就必須面對這些困難和挫折，因爲它們是人生必經之路。不管是你自己，還是身邊的人遭遇困難、挫折，都要試著加以鼓勵。

許多有成就的人，成功的背後往往都有著守候他、支持他的人。

人在面臨抉擇或遭受挫折時，心靈上的感受特別脆弱，無論是親人或朋友，甚至是萍水相逢的陌生人，若能適時地提供鼓勵或意見，說不定就可以改變一個人的一生。

美國大文豪霍桑在成名之前是個海關的小職員，生活雖然還算得上穩定，但是，對於寫作的理想與熱情卻苦無機會可以實現。

有一天，他垂頭喪氣地回家對太太說自己被炒魷魚了。可是，他的太太蘇非亞聽了之後，不但沒有懊惱的表情，反而興奮地叫了起來：「這樣，你不就可以專心寫書了嗎？」

「是呀！」霍桑一臉苦笑地答道：「但是，光寫書不幹活，我們要靠什麼吃飯呢？」

蘇非亞沒有說話，只是打開抽屜，拿出一疊看起來爲數不少的鈔票。

「這錢從哪裡來的？」霍桑忍不住張大了嘴，吃驚地問。

「我一直相信你有寫作的才華，」蘇菲亞說：「我一直相信，總有一天你一定會寫出一部舉世聞名的作品，所以，我每個星期把家用一點一點省下來，現在這些錢足夠我們生活一年了。」

因爲有了太太在精神與經濟上的支持，霍桑最後果眞完成了美國文學史上的巨著——《紅字》。

失意的時候，就好比在茫茫大海中漂流的船隻，如果沒有找到指引方向的明燈，或許就這麼迷失了，陷入了絕境。

一個人的才華沒有辦法得到發揮，當然就沒有任何價值可言，猶如被當成驢子拉車的千里馬，即使能跑得再快，也仍然只是一隻「不適任的驢子」。但是，一旦有人從中給予支持與鼓勵，就好像千里馬的眼前出現了伯樂的身影，生命出現了一線曙光。

就拿霍桑來說，如果沒有妻子的鼓勵與全力的支持，或許他會在意志消沉

一番後，再隨便找一分別的差事，臣服在生活的壓力之下，也許美國文學史上就不會有這樣的大文豪出現了。

蘇菲亞深愛著自己的丈夫，始終將霍桑心中的理想與願望放在心上。她十分明白，唯有將所有的退路都安排好，讓霍桑沒有後顧之憂，他才有不斷前進的力量。

這一分愛，支持了霍桑更加賣力地朝著自己的夢想前進，也使得夫妻兩人的夢想都有機會成眞。

不要忘了給我們深愛的人多一點鼓勵，也不要忘了謝謝曾在我們生命中給過支持的人。在施與得之間，流動的是彼此眞摯的感情，是啓動希望的樞紐。

投資另一個希望

我們所獲得的有形財富，終究會以某種的形式失去，所以，何不將之投資在未來的希望上？

每個人在歷練人生的過程中，難免會有一些灰暗的不如意時期，如果這個時候，有人及時伸出援手，適時地拉你一把，或許就有機會幫助你走出一條嶄新的道路。

受人點滴，理當泉湧以報，當生命中出現了貴人相助，或許最大的回報方式，就是爲他投資另一個希望。

據說，居里夫人在讀書時，生活過得極爲貧困。

後來，因爲她孜孜不倦地刻苦學習，得到了相當優異的成績，於是獲得波蘭「亞歷山大基金會」頒發六百盧布獎學金。有了這筆獎學金，她才得以在法國繼續深造。

四年後，居里夫人果然在研究鋼鐵的磁化技術方面有了極爲豐碩的成果，法國科學協會因此發給她一筆酬金。

儘管她當時生活仍然很貧困，但她除了從中拿出一小部分購置實驗儀器外，便把剩下的金額全部寄給了「亞歷山大基金會」。

她附上了一封信，信裡寫道：「我把你們的獎學金當做光榮的借款，因爲它幫助我獲得了初步榮譽。借款理應歸還，請把它發給另一個生活貧寒，而又立志爭取更大榮譽的波蘭青年。」

居里夫人知恩圖報的做法，相當令人感佩。儘管她自己的生活困苦，但卻以爲，若能以這一點點的酬金贊助，培育出另一位爲國家社會謀福利的有志青年，會比將這筆錢用來添置家具、裁製新裝或大吃一頓更有意義。

將美好的善意，以各種不同的形式傳遞出去，經過無數的循環與作用之後，最後受惠的，將是過程中的每一個人，甚至是無數的衆人。

我們要把投資放在希望上，而不僅僅是看重眼前的金錢獲得。唯有以明智的慧眼，看出什麼是眞正有希望的未來，我們的投資才能生生不息。

我們所獲得的有形財富，終究會以某種的形式失去，所以，何不將之投資在未來的希望上？

你眼中的小數，對於迫切需要的人來說，卻是難以計量的大數；或許這筆光榮的借款，將使他有機會走出陰霾，而一株小小的希望也將開始萌芽。

讓自己維持進步的走勢

讓自己維持在進步與向上攀升的走勢上，自然能夠沉浸在積極的氛圍之中，享受每一次成功的喜悅，進而激勵出下一次的成功。

在求學的時期裡，通常有兩種人可以有機會拿到獎狀，一種是在各種領域中名列前茅，勇奪前三名；另一種則是在每次競賽中比較起來進步最多的人，這個獎稱為「進步獎」。

雖然不是第一名，也不是優勝者，但競爭對象是自己，只要戰勝過去的自己，每個人都可以拿到「進步獎」。

撐竿跳高名將布勃卡曾有個綽號，叫做「一厘米王」，因為他連續在好幾場重大比賽中，幾乎次次都刷新自己保持的紀錄，儘管每次都僅僅提高一厘米。

巴塞隆納奧運會舉辦之前，有人披露，布勃卡其實在平常訓練時，經常可以跳出絕佳的成績，但奇怪的是，他在正式比賽中從不拿出眞本事，而是一厘米一厘米地提高自己的紀錄。

後來大家才發現，這是因為他與贊助人和運動會組織者有約，每破一次紀錄可得到七十五萬美元的獎金。難怪他曾意味深遠地說道：「大幅度提高成績是不明智的。」

布勃卡運用自己的做法，在撐竿跳的領域之中稱雄多年。當然，他的實力並不是蓋的，他是眞的能跳得比別人高，若能永遠當第一名，當然好過於只領一次進步獎。

布勃卡的方法，聽起來很卑鄙，但是，仔細想想，也不全然如此。因爲，他一旦用盡全力，求得了最好的成績，接下來卻容易陷入瓶頸，也很難再有突破。

他或許仍然可以領先群雄，但是終究贏不了自己，倘若落入了退步與失敗的情緒之中，對於下一次競賽的影響，不可說不大。

在每一次的比賽中，不但要保持自己原來的水準，更要不斷進步，其實要有難能可貴的毅力才能做得到。

有了每一次的進步，心裡會生出另一股向前推進的力量，所以能不斷地超越自己，刷新紀錄。

這可以說是另類的自我鞭策法。

不要一次將目標訂得太遠，也不要一次就將力量全部用盡，而要保持自己的節奏與速度。

讓自己維持在進步與向上攀升的走勢上，自然能夠沉浸在積極的氛圍之中，享受每一次成功的喜悅，進而激勵出下一次的成功。

閃避迎面而來的攻擊

不動聲色地沉著應對，看清楚對手攻來的方向，看明白對手所持的武器，再伺機反擊。萬一不幸避之不及，最好先求保命，反正君子報仇，三年不晚嘛！

批評，其實是一種進步的動力，唯有透過別人的眼睛，才能檢視出自己的盲點，然後修正錯誤，重新整裝出發。

不可諱言的是，別人的批評一定帶有主觀的意見，難免會有偏激或謾罵的言論出現，這種情形特別容易發生在高層領導者的身上。因爲，高層領導者所做的決策，影響到的人數越多，對於每一個個體的需求與照顧也越難周全，當然，所遭遇到的批評與攻訐，也比旁人更多。

那麼，當我們不可避免要遭遇批評時，我們該如何自處呢？

或許，可以聽聽美國總統傑弗遜的答案。

有一次，德國科學家巴倫前來白宮，拜訪美國總統傑佛遜時，不經意間在總統的書房裡看到一張報紙，細讀之下，發現上面的評論，全是辱罵總統的攻擊之辭。

巴倫氣不過，抓起報紙憤憤地說：「你為什麼要讓這些謠言氾濫？為什麼不處罰這家報社？至少也該重罰編輯，把這個不尊重別人的傢伙丟進監獄。」

面對眼前氣得頭髮快要冒煙的巴倫，傑弗遜卻微笑著回答說：「把報紙裝到你的口袋裡，巴倫。如果有人對我們實現民主和尊重新聞自由有所懷疑的話，你可以拿出這張報紙，並告訴他們你是在哪裡見到的。」

想要終結毀謗，最好的方式就是不去辯解，讓謠言不攻自破。

身處越高層的人，所得到的掌聲與注目越多，相對的所受到的攻擊也會與日俱增，誰教你目標顯著？

正所謂「譽之所至，謗必隨之」，敵人一定會從你的弱點不斷地攻來，能否坦然處之，不正中敵人下懷，就得看你如何運用智慧去化解危機。

新聞媒體的負面評論，當然一定會帶來相當大的影響，但是並非全世界的人都相信該媒體的說法。

所以，如果傑弗遜如同巴倫一般惱羞成怒，甚至利用自己的權勢對該媒體進行施壓、報復，不就反而讓人以爲他是心中有愧，被人刺中痛處，才有此舉動。

有些事越澄清越模糊，越解釋越讓人覺得可能還有所隱瞞，反而對自己不利，麻煩揮之不去。

不如不動聲色地沉著應對，看清楚對手攻來的方向，看明白對手所持的武器，先側身避開要害，然後再伺機反擊，以子之矛攻子之盾，才能制伏敵人。

萬一不幸避之不及，最好先求保命，反正君子報仇，三年不晚嘛！

先耐心瀏覽一遍再說

時間不夠，速度再快也完成不了，倒不如先綜觀全局，看看有什麼可以先著手的，才不致於被不重要的事情給牽絆了手腳，最後一事無成。

「急」與「忙」是現代人的通病，凡事講求速度、效率。可是，急躁與匆忙的結果，往往就是粗心大意和意外疏失，有時候反而得不償失。

與其莽撞、草率，還不如先緩下腳步，將大局總覽一番，然後擬定對策，再心無旁騖、按部就班地去進行，省去不必要的過程，說不定能更快收得預定的成效。

有一家知名的大企業打算招募一批新職員，消息傳出，許多人躍躍欲試，紛紛前來參加應試，希望獲得一展長才的機會。

有一群年輕人一路過關斬將，經過了多次篩選，終於要面臨最後的考驗。只要誰通過了，便可進入這家著名的大企業工作。

這是一項計時十分鐘的測驗，當試卷發下來之後，每個人都愣住了，六大張的試題卷，洋洋灑灑地一共列了三十道題，試題的範圍既寬且廣，光寫一題就得花上不少時間。

這完全出乎大家意料，不禁認爲十分鐘委實太倉促了。

於是，許多人一拿到試卷，便半秒也不肯耽擱地慌忙搶答，全然不顧監考官「請大家先將試卷瀏覽一遍再答題」的忠告。

試卷在十分鐘後悉數收齊，交由總經理親自批閱，不久，總經理從中挑出六分試卷。

相較起其他的試卷，這六分試卷並非答得最好，因爲都僅僅回答了最後兩個問題，至於其他試卷，都做了前面不少題目，最多的還做了十二題。然而，公司最後錄用的，竟然是那六個僅答了最後兩道題的年輕人。

原來，秘密就藏在第二十八道題的題目之中，因爲在題目最後寫道：前面各題均無須回答，只要做好最後兩題即可。

什麼才是面對事情的最好方法，並沒有標準答案，因爲這牽涉一個人的性格、處事態度與應變能力，不過，我們仍舊能透過模擬各種狀況，讓自己更沉著，更機智。

當時間不夠，速度再快也完成不了的時候，倒不如先綜觀全局，看看有什麼可以先著手的，才不致於被不重要的事情牽絆了手腳，最後一事無成。

那六名年輕人得以雀屏中選的原因在於，他們能先冷靜地觀察，再合理地分配答題時間，而不被時間追得心慌，大亂陣腳。

其實，測驗開始之前，監考官就給了足夠的暗示，其他應試者因爲被自己「時間不夠」的先入爲主觀念束縛住了，心慌意亂之餘喪失了良機，自然怨不得他人。

做事最怕自我設限，「某某事我一定做不到」……等等的想法，是對處事熱忱的一大打擊，還沒出征就率先投降了，當然什麼戰爭都打不贏。

唯有抱定信心、冷靜應對，否則難有成功的機會。

把優點放在別人看得到的地方

如果不能把自己的優點放在別人看得見的地方，那麼就很難會有出線的機會，因為，沒有做事的機會，又哪來成功的機會呢？

怎麼樣才能成功？怎麼樣才能得到別人的賞識？

怎麼樣才能在同儕之間拔得頭籌？

怎麼樣才能在眾多競爭者之中嶄露頭角？

或許你可以聽聽阿基勃特的故事。

從前，在美國石油業獨占龍頭地位的標準石油公司裡，有一位小職員名叫阿基勃特。他出差遠行，住宿旅館的時候，總是在自己簽名的下方，寫上「每桶四美元的標準石油」字樣。不只如此，連書信及收據上也不例外，只要簽了名，就一定在底下寫上那幾個字。

他還因此被同事取笑，替他取了個外號叫做「每桶四美元」，眞名反倒沒有人叫了。

當公司董事長洛克菲勒知道這件事後，說道：「想不到公司裡竟有這麼位職員，這麼努力地宣揚公司的聲譽，我要見見他。」於是，命人邀請阿基勃特前來共進晚餐。

後來，洛克菲勒卸任，阿基勃特繼位就任，成了標準石油公司的第二任董事長。

這是一件誰都可以做到的事，可是只有阿基勃特一個人去做了，而且堅定不移，樂此不疲。當初嘲笑他的人之中，肯定有不少人的才華、能力都在他之上，可是最後，只有他當上董事長。

有才能的人，如果只知道守在自己的小天地裡默默的做事，老是不欲人知，那麼，別人永遠看不到你，再辛苦也沒有用。

想要引人注目，方法其實不難，只要出奇制勝就行了。

就像故事中的阿基勃特，他只不過在每次簽名的時候多花了幾秒鐘，就得到了大老闆的注意，有機會將自己的理想與抱負完整地提出來，才能得到後來的成功。

也就是說，如果不能把自己的優點放在別人看得見的地方，那麼就很難會有出線的機會，因爲，沒有做事的機會，又哪來成功的機會呢？

所以，把握眼前的每一個機會，如果機會不來，就自己去製造一個機會，只要能進了門，就看個人的修行造化了。

當然，製造機會的手法絕對不能造作，只要與衆不同就好了，說不定舉手之勞的努力反而可以一擊中的，成功的機會就在眼前了。

8. PART

心態決定你的未來

對於每日應做的工作，若能花費心思深入地去瞭解，仔細覺察其中奧妙的部分，說不定能因此產生興趣，強化自己的能力與自信。

用心經營自己的人生

生命的價值，是在人與人之間的互動中建立，不管是待人還是對自己，都需要花費心思經營。

英國思想家柯立芝曾說：「人如果不能飛昇成為天使，那麼，毫無疑問的，他將墮落成為魔鬼。」

當不成天使，也不用淪落爲魔鬼；可以當好人，又何必當小人？無論眼前的際遇是好是壞，都不要讓自己墮落成讓人厭惡的人。

不要否定自己，也不要總是抱著同情的眼光看待不幸的人，人與人之間因爲有互動和激勵，才會有不斷進步的人生。

有個缺了一條腿的乞丐，經常坐在一家銀行的門口乞討，這家的銀行主管經過時都會朝乞丐的杯子裡投一個硬幣，但是，和別人不同的地方是，他一定都會同時拿走乞丐身旁的一支鉛筆。

有一天，他對乞丐說：「你或許會覺得奇怪，爲什麼我非得拿你的鉛筆不可？我告訴你吧！因爲我是一個商人，既然花了錢，就得拿回一件貨眞價實的東西。你要記住，我不是在拖捨你，而是在和你做買賣。」

不久之後，門口那個蜷縮的乞丐不見了，慢慢地銀行家也把他給忘了。

直到有一天，他走進一家大型文具店，赫然看見那個流浪漢，竟衣著光鮮地坐在櫃台後面工作。

「我一直期盼，有一天您能到這兒來光顧！」這位店主相當開心地對銀行家說：「今天，我能夠在這兒工作，都是您的功勞。自從聽您說了交易的道理之後，我告訴自己，再也不要成爲依靠別人施捨的乞丐，同時開始做起鉛筆生

意，而且越做越有心得。這是您給我的鼓勵，更給了我生存的自尊，徹底地改變了我的人生。」

在這個物慾橫流的社會，許多人只顧著追逐眼前的虛榮，喪失了高貴的情操、崇高的理想和豐富的觀點，變得庸俗、粗鄙、媚俗。

從這個小故事中，我們看見了這位銀行家對別人的尊重，他的小動作看似平淡無奇，但是其中意義卻是非常深刻。

生命的價值，是在人與人之間的互動中建立，不管是待人還是對自己，都需要花費心思經營。

故事中這位銀行家和乞丐之間的互動便是如此，一個給了別人肯定的尊重，一個懂得肯定自我價值，才能有創造乞丐變老闆的奇蹟。

心態決定你的未來

對於每日應做的工作，若能花費心思深入地去瞭解，仔細覺察其中奧妙的部分，說不定能因此產生興趣，強化自己的能力與自信。

工作可以是工作，可以養家活口，可以飽暖度日，可以打發時間。但是，工作也可以不只是工作，可以培養興趣，可以贏取榮譽，也可以追求夢想。

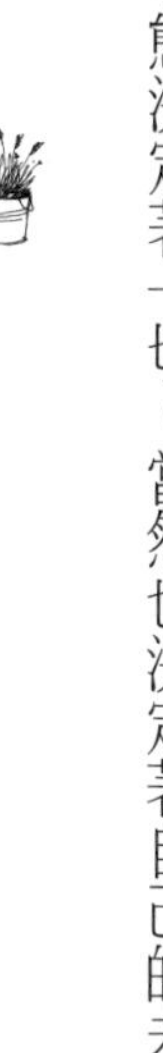

心態決定著一切，當然也決定著自己的未來。

有三名工人一同在砌一堵牆。有人走過來問：「你們在幹什麼？」

第一個人沒好氣地說：「你沒看見嗎？砌牆。」

第二個人抬頭笑了笑，說：「我們在蓋一幢高樓。」

第三個人邊幹邊哼著歌曲，他的笑容很燦爛很開心：「我們正在建設一個新城市。」

十年後，第一個人在另一個工地上砌牆；第二個人坐在辦公室中畫設計圖，他成了工程師；第三個人，則是前兩個人的老闆。

第一個人對於自己從事的工作，是一種看不起的態度，連他自己都以鄙夷的眼光來看待自己，如何能贏得別人的尊重呢？

或許，他只是爲了生活而不得不做這分工作，但是，他不曾投入其他的心力，注定了這分工作不會有其他的發展。

如果，這分工作出現了更大的挑戰，相信也不可能交由他來負責，因爲他唯一會做的，僅僅限於砌牆。

第二個人和第三個人對自己的工作則有極大的期許和認同，也因爲如此，

他們願意在工作之中尋找樂趣，尋找興趣、尋找可能的機會，也才有可能獲得不一樣的發展，而不會始終在原地踏步。

每一個領域都有著不同的可能性，有些商機和發展或許在現在看來仍是隱晦不明，但是在有心人的努力之下，終究會漸漸崢嶸乍現，進而成為領導世界的先趨。

所以，對於每日應做的工作，若能花費心思深入地去瞭解，仔細覺察其中奧妙的部分，說不定能因此產生興趣，在知識累積的過程中，強化自己的能力與自信，更有信心面對一切危難與挑戰，也更有機會往前邁進一大步，成功的目標也就一步一步地靠近了。

問題很困難，答案很簡單

有時，複雜的不是問題本身，而是看問題的眼睛。解決問題的重點就在於你如何看待問題。

天下無難事，只要不劃地自限、預設立場，更不要把問題複雜化，任何問題只要抓住了癥結，就能順利地迎刃而解。

人類是懂得思考的動物，思考帶來了社會文明與科技的進步，但是很多人卻因爲思考得太多，偏離了問題的焦點，而在枝微末節裡掙脫不開，陷入了鑽牛角尖的迷障之中。這種現象，特別容易發生在學識高超、歷練豐富的人身上，因爲，他們知道得太多，所以也常想得太多，忘記了事情的基本原理，把單純的問題複雜化了。

英國一家報社曾經舉辦了一次高額獎金的有獎徵答活動。這家報社所出的題目是：在一個充氣不足的熱氣球上，載著三位關係人類興亡的科學家，熱氣球即將墜毀，必須丟出一個人以減輕載重，到底應該丟哪個？

三個人之中，一位是環保專家，他的研究可拯救無數生命因環境污染而身陷死亡的厄運。一位是核子專家，他有能力防止全球爆發突發性的核子戰爭，使地球免遭毀滅。另一位是糧食專家，他能夠使不毛之地植生穀物，讓數以億計的人們脫離飢餓。

因爲獎金豐厚，寄來應答的信件當然如雪片一般。然而，最後鉅額獎金的得主卻是一個小男孩。

小男孩的答案是：把最胖的那個科學家丟出去。

有時，複雜的不是問題本身，而是看問題的眼睛。一件事情的變項多，結局的變數當然也大，所以一般的人都會一項一項去檢驗，然而想要想得越周全，事情處理得就越不周全。

就像故事中所說的一樣，報社所提示的這三個人都很重要，但是三個人也都危在旦夕，如果三個人都活不下來，就算他們再優秀，也沒辦法爲人類貢獻心力。

所以，還不如像小男孩說的，把最胖的那一個丟出去，至少還有兩個人可以造福人類。

遭遇到難題的時候，不要一下子就放棄希望，如果自己知曉的十八般武藝全要上一遍，結果還是不能奏效，那麼不妨從基礎篇開始。從最根本的源頭查起，說不定反而能夠找到問題的癥結所在，再予以對症下藥，問題就能迎刃而解了。

沒錯，解決問題的重點就在於你如何看待問題。

嚴格禁止不如迂迴暗示

說明得越含糊，越能在聽者心裡勾勒出諸多的想像，所達到的效果也就越好。

每個人都會設立某些規矩，在自己的範圍內也總是希望別人多少依著自己的規矩行事。

然而，人偏偏是最不守規矩的生物，一旦有人破了例，什麼規矩也管不了。所以有人打趣地說，規矩就是設來破壞的。

想要別人依著自己的規矩做事，首先，要讓規矩看起來不像規矩，就像接下來的這個例子一般。

法國著名女高音歌唱家瑪．迪梅普萊有一座美麗的私人林園。儘管，她已經標示這是私人林地，不希望未受邀請的人任意進入，但是每到周末，總會有人偷溜進她的林園摘花、拾蘑菇，有的甚至搭起帳篷，在草地上野營野餐，弄得林園一片狼藉，骯髒不堪。

迪梅普萊的管家曾命人在林園四周圍上籬笆，並豎起「私人林園禁止入內」的木牌，但仍無濟於事，林園依然不斷遭踐踏、破壞。

於是，管家只得硬著頭皮向主人請示。迪梅普萊聽了管家的報告後，請管家做一些大牌子立在林園的各個路口，上面醒目地寫明：「如果在林中被毒蛇咬傷，最近的醫院距此十五公里，開車約半小時即可到達。」

從此，再也沒有人闖入她的林園。

有些人天生反骨，就喜歡和人唱反調，別人說東，他偏要說西；別人說不准進入，他偏要進去瞧瞧到底裡頭有些什麼不想讓人看的東西。

要對付這種人，硬碰硬絕對沒什麼好處，倒不如用迂迴的方法，反其道而行，讓他知難而退，省事又不費力。

就像瑪．迪梅普，她說一百句「請勿進入」、「禁止入內」也沒什麼用，那些人只要想得到就能溜得進來，倒不如警告他們裡面有毒蛇，而能急救的醫院遠在天邊，不怕死的就來吧！這種方法果然達到了極佳的效果，害怕毒蛇的人全不敢來了，即使他們不見得會碰上毒蛇。

說明得越含糊，越能在聽者心裡勾勒出諸多的想像，所達到的效果也就越好，比起惡行惡狀地厲聲指責、禁止，更能達到目的。

政府推動法令也是相同的道理。貿然頒行一道禁令，勢必會引起相關利益團體的反對，使得法令推行受到了阻礙，然而如果能在宣導的同時，分析施行法令對該團體的好處，及不施行時對全民有何壞處，說不定在輿論的推動之下，就能順利施行。與其強硬規定，還不如柔軟說服。

不要怕開口請人幫忙

我們常常為了自尊，為了怕麻煩別人，所以不敢開口相求，因為擔心受到拒絕，最後只好獨自暗吞失敗的痛苦，在沮喪無助的深水中忍受將要溺斃的痛苦。

做事的時候，我們常會有力不從心的感覺，明明自己已經用了所有的力量，卻始終無法將事情辦好，難免會感到無比灰心。

這時候，不妨開口找人幫忙。

不要不好意思，就是因爲自己的力量不足，才需要別人助上一臂之力。

星期六上午，一個小男孩在他的玩具沙箱裡玩耍。沙箱裡有他的玩具小汽車、敞篷貨車、塑膠水桶和一把閃亮的塑膠剷子。他在鬆軟的沙堆上修築公路和隧道時，發現沙箱中間埋著一塊巨大的岩石。

小男孩挖掘著岩石周圍的沙子，企圖把它從泥沙中挖出來。他手腳並用，似乎沒有費太大的力氣，岩石便被他連推帶滾地搬到沙箱邊緣。

不過，這時他才發現，他根本無法把岩石翻過沙箱邊牆。小男孩下定決心，手推、肩擠、左搖右晃，一次又一次地向岩石發起攻擊，可是，每當他剛剛有了一些進展的時候，岩石便滑落，重新掉進沙箱裡。

小男孩氣得直叫，拼出吃奶的力氣猛推猛擠。但是，岩石不斷地滾落回來，還砸傷了他的手指。最後，他不禁傷心地哭了起來。

這整個過程，男孩的父親從起居室的窗戶裡看得一清二楚。

當淚珠滾邊孩子的臉龐時，父親來到了他的跟前。父親的話溫和而堅定：「兒子，你為什麼不用上所有的力量呢？」

垂頭喪氣的小男孩抽泣道：「但是我已經用盡全力了，爸爸，我已經盡力

了！我用盡了我所有的力量！」

「不對，兒子，」父親親切地糾正道：「你並沒有用盡你所有的力量，你沒有請求我的幫助。」

父親彎下腰，抱起岩石，將岩石搬出了沙箱。

一個人的力量當然是有限的，所以當自己實在無法解決的時候，別忘了要發出求救訊號，搜尋所有幫得上自己的人、事、物，或許事情就有機會迎刃而解。

小男孩覺得自己已經想盡了所有的辦法，用盡了所有的力氣，卻仍移不走沙坑裡的大石，因而心灰意冷、傷心落淚，悲傷自己沒有辦法成功。

然而，他卻忘了，在他有力氣哭泣的時候，其實他還有力氣可以呼救，他還可以請求幫忙，請求能力、力氣比他大的人伸出援手。

我們常常爲了自尊，爲了怕麻煩別人，所以不敢開口相求，因爲擔心受到

拒絕，最後只好獨自暗呑失敗的痛苦，在沮喪無助的深水中忍受將要溺斃的痛苦。

其實，只要你伸出手，總會有人有能力出手拉你一把，救你脫出險境。如果你只是雙手抱胸、像刺蝟般蜷曲著身體，讓別人無門可入，當然不可能得到任何的援助。

當然，別忘了，自己也可以是別人的救生圈，千萬不要吝於幫助別人，讓這個循環圓滿的繼續下去。

真正的財富，是品味生活

許多的東西是無法用金錢去衡量的，看到物質的表面時，或許稍稍多用一點心，就能發現其中的奧妙及那瞬間的感動。

我們對於財富的定義，常常侷限在於有形的財物，因而在追求外在財富的過程之中，往往忘了生命裡頭，其實還有許多金錢以外的事物，值得我們細細品味。

一個歐洲觀光團來到非洲一個叫亞米亞尼的原始部落。部落裡有位老者，

穿著白袍盤著雙腿，安靜地在一棵菩提樹下做草編。

草編做得非常精緻，吸引了一位法國商人的目光。他想，要是將這些草編運到法國，巴黎的女人戴著這種小圓帽，提著這種草編的花籃，將是多麼時尚、多麼風情啊！

想到這裡，商人興奮地問：「這些草編一件多少錢？」

「十比索。」老人回答。

商人心想：「天哪！這會讓我發大財的，」他忍不住欣喜若狂，「假如我買十萬頂草帽和十萬個草籃，那你打算每一件優惠多少錢？」

「那樣的話，就得要二十比索一件。」

「什麼？」商人簡直不敢相信自己的耳朵！他幾乎大喊著問老者說：「爲什麼？」

「爲什麼？」老者也生氣了，「做十萬件一模一樣的草帽，和十萬個一模一樣的草籃，會讓我乏味死的。」

商人或許還是不能理解，除了財富之外，還有許多東西值得追求。或許，那位看似荒誕的亞米亞尼老者，才算是眞正參悟了人生眞諦的人。

他在做草編時，是在享受製造新事物的感動，所以編一個個美麗又與衆不同的草帽或草籃，滿足的是自己的創作慾。

但如果要他做出十萬個相同的草帽或草籃，那就要不停重複相同的動作，那麼過程中的感動就會消失，樂趣也將不再存在。這無疑是一大損失，當然要多花兩倍錢才行。

許多的東西是無法用金錢去衡量的，看到物質的表面時，或許稍稍多用一點心，就能發現其中的奧妙及那瞬間的感動。

用各種角度看待事物

我們最應該學習以多方面的角度來思考，而不單純的以一種方式來看待事物。

許多人在許多事物上都存有既定的看法，而在接受教育的過程當中，更容易被教導許多既定的觀念和想法。所以，當我們所受的教育多了，就越容易失去從其他方向思考的能力。

美國作家艾薩克．阿西莫夫的汽車修理師極愛說笑話，每次碰上了艾薩克

就愛聊上好半天。

有一次，他從引擎蓋下抬起頭來說：「博士，出個題目給你猜。有一個又聾又啞的人來到一家五金店買釘子，他把兩個手指頭並攏放在櫃台上，用另一隻手做了幾次錘擊動作，於是店員給他拿來一把鎚子。但他搖搖頭，指了指正在敲擊的那兩個手指頭，店員便給他拿來了釘子，他挑選出合適的就走了。那麼，博士，聽好了，接著進來一個瞎子，他要買剪刀，你猜他會怎樣表示的呢？」

艾薩克．阿西莫夫沒多想，立即舉起右手，用食指和中指做了幾次剪東西的動作。

修理師一看，不禁開心地哈哈大笑起來：「啊！你這個笨蛋。他當然是用嘴巴說要買剪刀呀。」

接著，修理師又頗爲得意地說：「今天，我用這個問題把所有的主顧都考了一下。」

「上當的人多嗎？」艾薩克急著問。

「不少。」他說：「但我事先就斷定你一定會上當。」

「那是爲什麼？」艾薩克不無詫異地問。

「因爲，你受的教育太多了，博士，從這一點上就可以知道你不會太聰明的。」

在這個知識掛帥的時代，受教育的多寡彷彿決定了一個人的智商高低、腦容量的多寡，但其實這是一種嚴重的謬誤。

怎麼說呢？

有許多人未曾接受過高等教育，卻能在生活之中習得了更多書本裡學不到的東西，領悟力比端坐在課室裡的學子來得好。如果在受教育時，沒有先學得了自由思考的能力，只是一味地把書本裡的東西往腦袋裡塞，最後成了只會掉書袋的書呆子，反而容易被人取笑。

汽車修理師的問題，你答得對嗎？

你的思緒與邏輯是否被既定的印象與答案給束縛住了呢？

其實，我們最應該學習以多方面的角度來思考，而不單單以一種方式來看待事物。

不要過度以自我爲中心，也不要輕信權威，應該有自己的主張，習慣針對事物本身去做多面向的考量。如此一來，處理事物時就能更加客觀，而不致於陷入舊有窠臼之中，或被假象蒙蔽了雙眼。

換個角度就能遇見蘋果裡的星星

一個突發奇想的創意，一個偶然的靈光乍現，說不定就能夠改變歷史，即使不能至少也能豐富心靈的感動。

很多時候，我們會依循著流傳下來的道理，衆人認同的觀念。這種行爲模式，或許不致於出現什麼大差錯，但偶爾卻可能因而錯失了許多激發創意的好機會。

一天，五歲大的兒子從幼兒園回來，向父親報告幼兒園中的有趣的事物。

只見他面露神秘的微笑，偷偷告訴父親，他有一個重大發現。

「什麼發現？」父親漫不經心地問。

「蘋果裡藏著一顆小星星。」

父親瞪大了眼睛：「怎麼會呢？」

兒子說：「不信你切蘋果就知道了。」

父親拿出蘋果和刀子，刷得一聲，切開了蘋果，問道：「星星在哪？」

兒子急得叫：「唉呀！你切錯了啦！這樣才對。」

兒子又拿出一個蘋果，打橫著放，要父親切開，父親狐疑地就著蘋果橫向攔腰切了下去。兒子把切開的蘋果放在父親面前：「爸爸，看，多漂亮的星星，送給你。」

父親呆了一呆，自己不知吃過了多少個蘋果，每一次都是「祖傳」的規規矩矩切法，從來都沒有想到另一種切法，當然也從沒有見到蘋果中美麗的星星。

我們常常會被傳統的教育影響，對許多事物都存著既定的印象，相信只有某些做法才是唯一而且正確的。但是，有時候一件事要是能夠從另一個角度去看、去觀察，即使有一樣的結果，卻可以得到不一樣的感受，這未嘗不是一件好事。

一個突發奇想的創意，一個偶然的靈光乍現，說不定就能夠改變歷史，即使不能，至少也能豐富心靈的感動。一個天馬行空的想法，說不定反而讓你體會出生命的驚奇。不論是創作的題材、工作的妙方，抑或是生活上的好點子，都是活絡思想的助燃劑，足以激盪出一個不同的世界。

不要再讓自己僵化下去了，維護傳統或許是一件有意義的事，但如何從傳統之中發掘新意，則更有價值。如果冥頑不靈地任自己被舊有的模式束縛住，你就會錯過許多生命之中的美麗星星。

9. PART

奇蹟，來自智慧的累積

如果你認為事情只有一種處理方式，
自然就只會依照常理去進行，
但是，有時候腦筋稍微拐個彎，
說不定就會有截然不同的發展。

奇蹟，來自智慧的累積

如果你認為事情只有一種處理方式，自然就只會依照常理去進行，但是，有時候腦筋稍微拐個彎，說不定就會有截然不同的發展。

在競爭激烈、花招百出的商場上，沒有顛撲不破的定理，只有所謂的趨勢。然而，趨勢是人創造出來的，只要你的腦筋靈活，設定自己的目標與方向，終究能開創出另一波新趨勢。

二次大戰時，在德國奧斯維辛集中營裡，一個猶太人對他的兒子耳提面命

說：「現在，我們唯一的財富就是智慧，當別人說一加一等於二的時候，你應該想的是一加一大於二。」

當時，納粹在奧斯維辛集中營裡，總共毒死了五十三萬六千七百二十四人，而那對父子卻幸運地活了下來。

一九四六年，他們舉家來到美國，在休斯頓定居，從事銅器生意。

有一天，父親問兒子一磅銅的價格是多少，兒子回答三十五美分。父親說：「對，整個德克薩斯州都知道每磅銅的價格是三十五美分，但身為猶太人的兒子，你應該說三．五美元。怎麼說呢？你試著把一磅銅做成門把，它就可以賣這個價格。」

二十年後，父親死了，由兒子獨自經營銅器店。他做過銅鼓，也做過瑞士鐘錶上的簧片，還做過奧運會的獎牌。他更曾經把一磅銅賣到三千五百美元，當時，他已是美國知名企業麥考爾公司的董事長。

然而，眞正使他揚名的，是紐約州裡的一堆垃圾。

一九七四年，美國政府為了清理自由女神像翻新後所扔下的廢料，向社會

廣泛招標，但是，好幾個月過去了，都沒人去投標。當時，正在法國旅行的他聽說之後，立刻飛往紐約，勘察過自由女神像下堆積如山的銅塊、螺絲和木料後，未提任何條件，當下就立即簽了字。

許多紐約當地的運輸公司，對他這個舉動暗自發笑，恥笑他是個愚蠢的傻子。因爲，紐約州對於垃圾處理有相當嚴格的規定，這項吃力不討好的工作處理不好的話，說不定還會受到環保組織控告，吃上官司。

就在許多人要看這名猶太人的笑話時，他開始組織工人對廢料進行分類。他讓工人把廢銅熔化，然後鑄成小型的自由女神像，把木頭等加工做成底座，把剩下的廢鉛、廢鋁做成紐約廣場的鑰匙圈。最後，他甚至把由自由女神身上掃下的灰塵全部包裝起來，出售給花店。

短短不到三個月的時間，他讓這堆廢料變成了三百五十萬美元現金，每磅銅的價格整整翻了一萬倍。

即使是幾近被淘汰的事物，只要經過一番巧妙改頭換面，也可以搖身一變，成了人人爭奪的寵兒。

有誰想過垃圾堆裡的廢料，竟然隱藏著無限商機？故事中的商人，轉眼間把垃圾變成黃金，看似不可思議，然而，這並不是天降奇蹟，而是一種智慧的累積。

如果你認爲事情只有一種處理方式，自然就只會依照常理去進行，但是，有時候腦筋稍微拐個彎，說不定就會有截然不同的發展。

在商業化社會裡，是沒有公式可言的。當你抱怨生意難做時，也有人正因爲點數鈔票而累得氣喘吁吁。這當中的差別可能就在於：你認爲一加一應該等於二，而他認爲一加一永遠大於二。

分段實現大目標

每經過一段衝刺，就給自己一點喘息的空間，利用每一個分段目標的成功喜悅，作為下一次出擊的努力。

遠大的志向，往往也是遙遠難及的目標，因此，當我們經過一陣努力，卻發現目標還是同樣的遙遠，就好像永遠到不了似的，原先漲滿的信心與勇氣，很容易一下子就洩了氣，再也提不起勁了。

當我們遇到這樣的狀況時，或許可以借助山田本一的成功經驗。

一九八四年，在東京國際馬拉松邀請賽中，一位名不見經傳的日本選手山田本一，以時快時慢的跑步速度，出人意料地奪得了世界冠軍。

當時，許多人都認爲，這個在比賽過程中，常常突然跑到最前面、有時又落到很後面的矮個子選手是在故弄玄虛，只是湊巧撿了個冠軍罷了。

然而，兩年後，在義大利北部城市米蘭舉行的義大利國際馬拉松邀請賽，山田本一再度代表日本參加比賽，這一次，他同樣又獲得了世界冠軍。

十年後，山田本一聲稱自己「以智慧戰勝對手」的謎團終於被解開了。

他在他的自傳中說道，每次比賽之前，他都要先把比賽的線路仔細地看一遍，並把沿途比較醒目的標誌畫下來，比如第一個標誌是銀行，第二個標誌是大樹，第三個標誌是座紅房子……這樣一直到賽程的終點。

比賽一開始，他就以百米的速度奮力地朝向第一個目標衝去，等到達第一個目標後，他又以同樣的速度向第二個目標衝去，最後，四十多公里的賽程，就分解成這麼幾個小目標輕鬆地跑完了。

起初，他並不懂得這樣的道理，他把目標定在四十多公里外終點線上的那

面旗幟上，結果他往往跑不到十幾公里就疲憊不堪了，因爲他完全被前面那段遙遠的路程給嚇倒了。

在現實中，人難免會遭遇阻礙，不免會半途而廢，其中的原因，往往不是因爲難度太大，而是覺得成功離我們愈來愈遠。確切地說，我們不是因爲失敗而放棄，而是因爲倦怠而失敗。

倒不如設定好一個個近程目標，達成了一個再設定另一個，每經過一段衝刺，就給自己一點喘息的空間，利用每一個分段目標的成功喜悅，作爲下一次出擊的努力。如此一步一步，不經意間，你將會發現勝利就在不遠之處，而不再是遙不可及的空中樓閣。

慎選生命中的大石塊

當你的廣口瓶裡塞滿了工作，而且把它壓縮得紮紮實實，那麼，你已經沒有機會放入其他的大石了。

時間是不斷向前行進的轉輪，逝去的時間永不回頭，也難以挽回。所以，要如何善用時間、活在當下，的確是我們需要靜下比來好好思索一番的課題。

曾經有位時間管理專家爲一群商學院的學生講課。

「我們來做個小測驗。」專家拿出一個容量一加侖的廣口瓶放在桌上。

隨後，他取出了一堆拳頭大小的石塊，把它們一塊塊地放進瓶子裡，直到石塊高出瓶口，再也放不下了。

他問：「你們覺得這個瓶子裝滿了嗎？」

所有的學生都回答：「滿了。」

他反問：「是嗎？」

說著，他從桌下取出一桶礫石，倒了一些進去，並敲擊廣口瓶玻璃壁，使礫石填滿石塊間的間隙。

「現在瓶子滿了嗎？」

這一次學生們不敢斷言，一位學生小心地應道：「可能還沒有。」

「很好！」他伸手從桌下又拿出一桶沙子，把它慢慢倒進玻璃瓶，直到細沙填滿了所有石塊之間的空隙。

他又一次問學生：「瓶子滿了嗎？」

「沒滿！」學生們大聲說。

專家笑著拿過一壺水倒進玻璃瓶，直到水面與瓶口齊平。他望著學生說：「請你們想想，這個例子說明了什麼？」

一個學生舉手發言：「它告訴我們，無論一個人的時間表多麼緊湊，如果再加把勁，一定還可以找出更多時間，做更多的事！」

「不。」專家說：「那還不是它的寓意所在。這個例子告訴我們，如果你不先把大石塊放進瓶子裡，那麼到最後，你就再也無法把它們放進去了。所以，要認真思考什麼才是自己生命中的『大石塊』呢？千萬要記得，先去處理這些『大石塊』，否則你會終生錯過了。」

時間是固定不變的，然而不管做什麼事情，都需要花費時間才能完成，因此，時間要如何分割，要如何取捨，端看每個人的選擇。

現代人老是叨嚷著「自己好忙」、「時間根本不夠用」，於是，爸媽沒有時間和孩子相處，全部送到補習班、安親班集中管理；年老的雙親沒有人照顧，

請個看護就算盡了孝道；永遠抱怨自己沒有時間可以去完成自己的夢想，甚至沒有時間到郊外散散步……

這些現象令人不禁要思索，究竟人生在世的目的是什麼？難道是匆匆忙忙地來去一遭嗎？

當你的廣口瓶裡塞滿了工作，而且把它壓縮得紮紮實實，那麼，你已經沒有機會放入其他的大石了。

好消息還是壞消息，由你決定

「塞翁失馬，焉知非福」，同一件事，要視為好消息還是壞消息？選擇權，其實操之在你。

利用一般人的惻隱之心，以募款之名騙取錢財的情事，在我們的生活週遭時有所聞。當你發現自己的好心，卻落入了壞人的陷阱之中時，你的心中作何感想呢？

有一次，阿根廷著名的高爾夫球手羅伯特．德．溫森多贏得一場錦標賽後，

帶著剛領得的獎金支票，微笑著從記者的重重包圍中走出來。

當他走到停車場，準備開車返回俱樂部時，突然有一名年輕女子來到他的車旁。那名女子向溫森多表示祝賀後，不經意地提起她可憐的孩子，因為病得很嚴重而住院，也許會因此死掉，而她卻不知如何才能支付起昂貴的醫藥費和住院費。

溫森多聽了，被深深地打動了。他二話不說，掏出筆在剛贏得的支票上飛快地簽了名，然後塞到那名女子手中。

「這是這次比賽的獎金，妳拿去吧。但願你那可憐的孩子走運，能早日康復。」他說道。

一個星期後，溫森多正在一家鄉村俱樂部用餐，偶然遇到一位職業高爾夫球聯合會的官員。

那名官員一看到他，就問：「溫森多，停車場的孩子們告訴我，上個星期你遇見了一個自稱孩子病得快死了的年輕女子。」

溫森多聽了點點頭。

那名官員又追問著：「你沒給她錢吧？你給了嗎？」

溫森多又點了下頭。

「喔，這眞是個壞消息啊，我的朋友。」那名官員說道：「那個女人是個騙子，她根本就沒有什麼病得很嚴重的孩子。她甚至還沒有結婚哩！溫森多，你被騙了！」

「你是說，根本就沒有一個小孩子病得快死了？」溫森多的聲音因爲驚訝而提高了許多。

「沒錯，根本沒有。」官員答道。

溫森多確認之後，長長吁了一口氣說：「啊，這眞是我這個星期來，所聽到的最好的消息。」

那名女子或許當眞是一名騙徒，但整個星期來，在溫森多的心裡，一直存在著一名無助病危的孩童影像，不知道自己的獎金是否能及時幫得上忙。官員

爲他惋惜的是金錢的損失，然而對他來說，這個消息卻無疑地使他鬆下一口氣，減輕了心理上的負擔。

當我們遇到類似的情況，究竟是要因爲被騙而耿耿於懷，還是放鬆心情將之全部拋卻腦後？

「塞翁失馬，焉知非福」，同一件事，要視爲好消息還是壞消息，選擇權其實操之在你。

留一塊心靈的位置給仁慈

以愛心對待別人，讓別人的生命有一點點不同，增添一點點光亮，其實是很容易的事。

山繆．強森說：「培養仁慈心是一生中極具價值的部分。」

如果在待人處事中，能夠多一分仁慈心，行事間也必然會多有一分尊重，當人與人之間能夠彼此尊重，爲彼此著想，整個社會也將更爲祥和。

在火車將要啓動的時候，一個旅客急匆匆地跳上了車，可是，他的一隻腳

還是被車門夾了一下，一隻鞋子就這麼掉了下去。

但是，火車已經開動了，這個人竟毫不猶豫地脫下另一隻腳上的鞋子，朝第一隻鞋子掉下去的方向扔了過去。

有人奇怪地問他爲什麼要這樣做。這位旅客說：「如果一個窮人正好從鐵路旁經過，那麼他就可以撿到一雙鞋，這或許對他很有用。」

這個旅客名叫甘地，在印度，他被尊稱爲「聖雄」。

讓別人的生命有一點點不同，增添一點點光亮，其實是很容易的事。即使只是一雙普通的鞋，都突顯了甘地心中的仁慈。富人自然是對一雙舊鞋不屑一顧，但連鞋子都買不起的光腳窮人，卻必定高興能有一雙鞋子來保護雙腳，如果只有一隻鞋就沒辦法了。

甘地連這一點點小事，都爲人想到了，難怪能成爲印度人心中極爲重要的人物，同時也是受世人景仰敬佩的偉人。

泰瑞莎修女曾經勉勵世人：「隨處散播你的愛心，就從對你的家人開始，多一分關愛給你的孩子、你的另一半、你的鄰居……讓每個接近你的人都有如沐春風的感覺。給別人一個關懷的眼神，一個燦爛的微笑，一個溫暖的擁抱，為上帝的仁慈做見證。」

像甘地和泰瑞莎修女這樣，能以愛心對待眾人，能有如此寬大的胸襟，實在令人佩服。

我們的世界需要更多善的因子，需要更多愛的因子，當我們感受到別人的善意時，我們心中的感覺一定是喜悅的，所以我們應當讓這樣的善意傳遞下去，至少從留一塊心靈的位置給仁慈開始。

請為孩子播下希望的種子

身為家長,或許可以不要過早給予孩子過多的壓力,該會的終究是會,沒有必要急於一時,更沒有必要過度地鞭策。

根據專家的研究,孩子的童年經驗,會影響他日後的人格發展。童年遭受過多失敗與挫折的孩子,對於未來比較沒有信心,而在鼓勵中長大的孩子,將來必能充滿自信。

因此,與孩子相處的時候,或許我們應該先思考一下我們的態度。

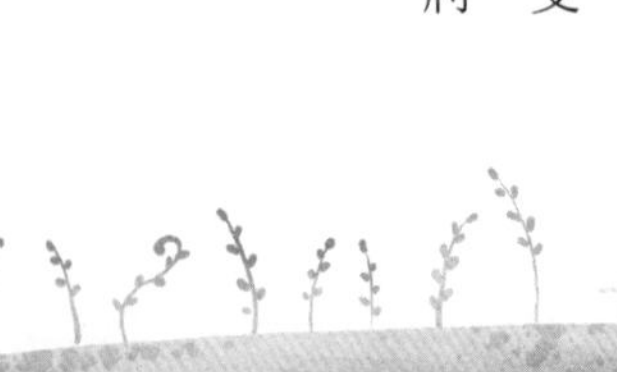

康納德小時候，每年夏天都要隨父母去鄉下爺爺那裡住上一陣子。寬闊的原野裡，高高的草垛，哞哞的牛聲，清脆的鳥鳴，使康納德每每流連忘返。跟著行動不方便的爺爺在田間散步，也是康納德喜歡的事情之一。

「爺爺，我長大了也要來農場種莊稼！」一天早上，康納德興致勃勃地說出了自己的願望。

「好啊，那，你想種什麼呢？」爺爺笑了。

「種西瓜。」

「唔，」爺爺棕色的眼睛快活地眨了眨：「不如我們現在就來種吧！」

康納德一聽，不禁高興得跳了起來。

爺孫二人從鄰居就在一棵大橡樹下仔細地翻鬆了泥土，然後把西瓜籽撒下去。忙完這一切，爺爺說：「接下去就是等待了。」

小小的康納德還不懂得「等待」到底是怎麼一回事。那個下午，他不知來回跑了多少次，就是爲了去看看他的西瓜到底長出來了沒有。誰知，直到傍晚，西瓜苗卻連影子也沒有。

晚餐桌上，康納德不禁問爺爺：「爺爺，我都等了整整一下午了，爲什麼西瓜還不長出來，到底我還得等多久？」

爺爺笑著說：「你這麼專心地等待，也許西瓜苗會早點長出來。」

第二天早晨，康納德一醒來就往瓜地跑。咦！地面上躺著一個大大的、圓滾滾的西瓜正瞅著他笑呢！他興奮極了，高喊：「我種出世界上最大的西瓜了！」然後，抱著西瓜一路蹦蹦跳跳地跑回家。

長大之後，康納德自然知道當年這個西瓜，是爺爺從家裡搬到瓜地上的。但儘管如此，他卻不認爲那是爺爺哄騙孫子的把戲，而是在一個不懂事的孩子心裡，適時地播下一顆希望的種子。

如今，康納德有了自己的孩子，事業上也有所成就。他覺得自己樂天的性情與成功的生活，是爺爺爲他在橡樹底下所播的種子長成的。爺爺本來可以告訴他，西瓜不可能在一夜之間就長大，但是爺爺沒有這麼做，反而讓他眞實地體驗了「希望」與「成功」的滋味。

在孩子的成長過程中，難免會有些天眞、不切實際的想法，需不需要去戳破孩子夢幻的氣球，其實見仁見智。

有人說「幻滅是成長的開始」，有人說「孩子遲早有一天要面對現實」，然而也有人像康納德的爺爺一樣，樂意爲孩子保留更多的想像空間，爲孩子的童年製造更多的歡笑聲。

雖然每個父母都有望子成龍、望女成鳳的心理，但身爲家長，或許可以不要過早給予孩子過多的壓力，該會的終究是會，沒有必要急於一時，更沒有必要過度地鞭策。

偶爾給孩子幾顆糖，並沒有什麼大不了。就像在康納德的心中，那顆西瓜的滋味，相信是會永久不散的，永遠忘不了的。

量力而為，才是真正的成功

所謂「兩害相權取其輕，兩利相權取其重」，如果能夠運用智慧，使事情得以兩全，魚和熊掌都想辦法得到，那是再好不過的了。

英雄人人想做，但可不是人人都做得到。除了要有機緣，還得要有足夠的實力才行。

當一個可能成爲英雄的機會來到你的面前時，你會如何抉擇？是不顧一切，只爲了求得成功？還是先掂掂自己的分量，再考慮要不要做、該如何做，以免英雄當不成，卻成了十足的狗熊？

貝爾納是一位法國著名的作家，一生中創作了大量的小說和劇本，在法國影劇史上占有極重要的地位。

有一次，一家法國報社安排了一次有獎徵答比賽，請讀者將答案寄到報社，再由報社選出內容最佳的答案，獲選人可以得到一筆鉅額獎金。

其中有這麼個題目：「如果法國最大的博物館羅浮宮失火了，情況相當緊急，只允許搶救出一幅畫，你會搶哪一幅？」

結果，在成千上萬的回答中，貝爾納以最佳答案獲得該題的獎金。

他的回答是：「我搶離出口最近的那幅畫。」

羅浮宮的藝術品，當然是世界珍寶。但是，若爲了搶救最爲珍貴的一幅畫，而陷入重重危機，甚至使自己喪失寶貴的性命，那麼即使是世界珍寶也同樣成了廢紙，不是嗎？

所以，貝爾納答得好，要在自己確保安全的狀態下，盡力求得最大的效益，

才是最正確的做法。如此，不但保全了一幅珍貴的畫作，更保全了自己的生命。

所謂「兩害相權取其輕，兩利相權取其重」，如果能夠運用智慧，使事情得以兩全，魚和熊掌都想辦法得到，那是再好不過的了。

突如其來的狀況或是事態急迫時，特別容易讓人心慌意亂，如果不能冷靜下來想妥辦法，當然難以隨機應變。

所以，遇事要冷靜，先擬妥計劃；設定目標時更要實際，仔細衡量自己的能力，不要奢想自己根本做不到的行動。然後，把握住時機，全力衝刺，拚勁一搏。如此，所得到的結果，說不定會比自己原先預期的還要好。

凡事先量力而爲，踩著踏實的腳步，一步接著一步地前進，完成一個目標，再邁向下一個目標，那麼不論如何，你都已經達成一個目標了，能夠掌握在手裡的成功，才是最眞實的。

有人說過，人生就如一場棒球賽，場上有一個個壘包，是每一個人生階段的重要目標，只要打擊出去，不論擊出的是安打或全壘打，一定得踩過每一個壘包，奔回本壘後，才能算得分。

其實，就算不是強打選手，就算不能擊出全壘打，只要有機會站上壘包，就有機會爲隊伍得到分數。

因此，不要過分膨脹自己，也不要過度貶抑自己，重要的是，要清楚地認識自己。

找出你專屬的「洩氣」管道

有誰會喜歡一個天天癟嘴、眉頭緊皺的人呢？器量不大的人也能成為可愛的人，只要你找出了自己專屬的「洩氣」管道。

每個人都有過生氣的經驗，因爲生氣太容易了，只要心中有了委屈、憤恨，不愉快的情緒很快就會衝上大腦，忍不住想動氣。可是，有氣可不一定就能隨處亂發，還得看時間、地點、場合。否則，自己的氣消了，卻引起別人的怨懟，非但氣氛弄僵了，還可能惹出一堆烏煙瘴氣的是是非非。

話又說回來，若一個勁兒地把怒氣往肚裡吞，表面上還得裝出一副若無其事的模樣，那可就需要極高的修養，不然，一不小心沒控制好，就可能會被彼

此積壓已久的怒氣炸得屍骨無存。

美國南北戰爭時代，曾經有過這麼一則小故事。

一天，陸軍部長斯坦頓來到總統林肯的辦公室，一進門，就氣呼呼地說，有一個目無尊長的少將，竟用侮辱性的話語指責他偏袒、自私。這樣子虛烏有的指控，讓斯坦頓氣得吹鬍子瞪眼睛、臉紅脖子粗，恨不得把那名造謠生事的傢伙抓過來痛打一番。

林肯安靜地聽完斯坦頓的抱怨，彷若同仇敵愾般，建議斯坦頓立刻寫一封信，好好地回敬那傢伙，給他點顏色瞧瞧。

「狠狠地罵他一頓！」林肯說。

斯坦頓二話不說，立刻提筆寫了一封內容尖酸刻薄、措辭激烈的信，然後拿給林肯看。

「對了，對了，就是這樣！」林肯一邊讀著信，一邊高聲叫好：「沒錯就

是這樣！好好教訓他一頓，你可眞是寫絕了，斯坦頓。」

但是，當斯坦頓把信摺好，準備裝進信封裡時，林肯卻突然厲聲叫住他，問道：「斯坦頓，你要做什麼？」

「信寫好了，當然是寄出去啊。」斯坦頓被總統的神情、態度搞得有些摸不著頭緒了。

「別胡鬧了。」林肯大聲說：「這封信不能寄，快把它扔進爐子裡去，凡是生氣時寫的信，我都是這麼處理的。這封信寫完之後，你一定已經發洩了怒氣，瞧，現在感覺好多了吧！那麼就請你趕緊把它燒掉，再寫第二封信吧。」

沒錯，生氣的時候，因爲心裡的怒氣控制了自己的心神，特別容易做出衝動且日後會後悔莫及的蠢事，也容易落入別人的激將陷阱。

若是沒有適當的發洩管道，可以事先消消氣，那麼心裡的氣，就像是氣球裡的空氣，因爲無處可漏，於是撐大了氣球，而且越撐越大，最後超出氣球所

能負荷的限度，只好「砰」的一聲，徹底地爆發開來。

林肯的方法是，把心裡的怒氣全部寫了下來，任何不滿、不愉快，全部透過筆尖，一一發洩出來，然後一把火燒得灰飛煙滅。當你能將自己生氣的原因，以及對對方的種種不滿全部轉換成文字，無形中也讓你有了喘息、冷靜的空間，也才能重新以不同的角度去思考問題的癥結所在。

氣頭過了，才能靜下心來想想對方爲什麼會有這樣的舉止，進而想出適當的解決方法，才能保持人際關係的和諧。

所以，尋找適合自己的專屬洩氣管道，讓自己能盡快地冷靜下來，是極爲重要的事，特別是本來就器量狹小的人。因爲，器量不大的人，很容易被小事撩撥，也就是說氣球的容量比較小，能夠忍受的氣也就少，動不動就易發怒，「怒」形於色自然容易得罪人，人緣自然差。

試想，又有誰會喜歡一個天天癟嘴、眉頭緊皺的人呢？器量不大的人也能成爲可愛的人，只要你找出了自己專屬的「洩氣」管道。

創造屬於自己的時機

愚蠢的人只會等待，等待一個永遠只會擦身而過的機會；但你是個聰明人，不僅要懂得把握時機，更要懂得如何創造時機。

在培根的《人生論》中，有這麼一段：「機會老人會先給你一撮他的頭髮，如果你沒能抓住，再抓到時就只能碰到他的禿頭。或許他給的是個瓶頸，但也一定會是個可以讓你抓住未來的瓶頸，要是你沒有及時抓牢，再碰到的就會是抓不住的圓瓶肚了。」

你是不是常從機會的瓶肚上滑了手，別忘了，你就是自己的命運設計師，希望人生過得精采，期待夢想能夠實現，關鍵就在你是不是能抓住這些機會。

有一個作家寫過一則關於「機會」的寓言故事，大意是這樣的：

有個人靠在一塊大石頭上，懶洋洋地曬著太陽，這時遠處走來了一個奇怪的東西。它身體散發著五顏六色的光彩，而且是八條腿一齊運動，行動十分敏捷，很快地就走近這個人的身邊。

「喂！你在做什麼？」那怪物問。

「我在這兒等待時機。」懶人回答。

「等待時機？哈哈！時機長什麼模樣，你知道嗎？」怪物問。

「不知道。不過，聽說時機是個很神奇的東西，只要它來到你身邊，那麼你就走運了。或者可以當個官、發了財，甚至娶個漂亮老婆，總之，時機來了會很幸運就對了。」

「可是，你連時機長什麼樣子都不知道，還在等什麼？不如跟著我走吧！讓我帶著你去做些有益於你的事吧！」那怪物說著就過來要拉他走。

「去去去！我才不跟你走！」懶人不耐煩地踢著那怪物，怪物見狀，只好嘆了口氣便離開了。

過了不久，又有一位留著長鬚的老人來到懶漢的面前，問道：「你剛剛有抓住一個怪物嗎？」

「抓住怪物？那是什麼？」懶人問。

「它就是時機呀！」

「天哪！我把它趕走了！」懶人急忙站起身呼喊，希望它能再回頭。

長髯老人說：「算了，讓我告訴你時機的秘密吧！你專心等它時，它可能遲遲不來，一不留心，它就又來到你面前；如果它從你面前走過時，你沒抓住，那麼它是不會再回頭的！」

「天哪！我這一輩子不就失去時機了嗎？」懶人哭著說。

「那也未必，」長鬚老人說：「我再告訴你另一個時機的秘密，屬於你的時機不止一個。」

「不止一個？」懶人驚奇地問。

「對，就是這樣。這一個失去了，還會有下一個，而且這些時機，大多是人們自己創造的。」

「什麼？時機可以創造？」

「是的，剛才的時機就是我幫你創造的，可惜你把它趕走了。」

「太好了，那麼請您再爲我創造一些時機吧！」懶人說。

「不，以後只能靠你自己創造了。」

「可是，我不會創造時機呀。」懶人爲難地說。

「我教你，現在，站起來，不要只會等待，大步前進，努力去做就對了，很快地你就能會創造時機了。」

有人說，小人的一個重要特性就是喜歡不勞而獲，因此，有本事的會絞盡腦汁想掠奪別人的成就，沒本事的就像故事中的懶人，成天做美妙的白日夢，希望好心人伸出援手，或是好運有一天會突然降臨。

其實，就像俄國諷刺作家克雷洛夫所說的：「對於命運的變化無常，我們感嘆得太多了，發不了財的，昇不了官的，都要埋怨命運不好。然而，仔細想想吧，過錯還是在你自己。」

的確，只要大步向前，努力去做，任何人都能夠創造屬於自己的時機。

你還在苦苦等待機會降臨嗎？

愚蠢的人只會等待，等待一個永遠只會擦身而過的機會，但你是個聰明人，不僅要懂得把握時機，更要懂得如何創造時機。

機會雖然偶爾會找上門，但是大多時候，得靠你自己要去找。

10. PART

懂得感恩，做事才會認眞

能夠對每一粒米都懷著感恩的心的人，
面對任何的人事物一定都能用相當的誠心去處理，
進而對所有的事物負責。

思索生命所需要的是什麼

財富只需要剛好就夠了，在支用上不顯拮据其實也就是夠了。淡泊一點的人生態度，可以幫助我們看清我們真正所需是什麼。

貪慾確實是人類的本性，但也因爲我們有慾望，所以才有追求夢想的動力，只是，當我們過度追求，而不知節制的時候，身體就會自動發出警訊，以最嚴厲的方式警告我們。

利奧．羅斯頓是美國最胖的好萊塢影星，他腰圍六．二英呎，體重三八五

磅。一九三六年在英國演出時，因心肌梗塞被送進湯普森急救中心。

搶救人員用了最好的藥物，動用了最先進的設備，仍沒能挽回他的生命。臨終前，羅斯頓曾絕望地喃喃自語：「你的身軀很龐大，但你的生命需要的僅僅是一顆心臟！」

羅斯頓的這句話，深深觸動在場的哈登院長，爲了表達對羅斯頓的敬意，同時也爲了提醒體重超常的人，於是命人把羅斯頓的遺言刻在醫院的大樓上。

一九八三年，一位叫默爾的美國人也因心肌梗塞住了院。他是位石油大亨，由於兩伊戰爭使他在美洲的十家公司陷入危機，爲了擺脫困境，他須不停地往來於歐亞美之間，最後終於舊病復發，不得不住進醫院。

他在湯普森醫院包了一層樓，增設了五部電話和兩部傳眞機，即使到了手術前，他仍在工作。當時的《泰晤士報》是這樣嘲諷的：「湯普森醫院是美洲的石油中心。」

默爾的心臟手術很成功，他在這兒住了五個月就出院了，不過出人意料的是，他並沒回美國。原來，他在蘇格蘭鄉下有一棟別墅，是十年前買下的，他

出院後就在那兒住下來，將自己岌岌可危的事業結束，安心地在鄉下休養。

一九八八年，湯普森醫院舉行百年慶典，邀請默爾參加，記者問他爲什麼賣掉自己的公司，他只指了指醫院大樓上的那一行金字，說道：「利奧．羅斯頓。」

不知道是不是因爲記者不理解了他的意思，總之，在當時的媒體上沒找到與此有關的報導。後來，在默爾的一本傳記中，有人發現了這麼一句頗具哲理的話：「富裕和肥胖沒什麼兩樣，也不過是獲得超過自己需要的東西罷了。」

也許，這就是答案。

失去了健康，人生可說失去了一半的希望，因爲當身體不聽使喚的時候，生理的病痛與心中的挫折、沮喪，將改變所有一切。

我們經常將工作和成就等等，視爲生命最重要的全部，往往忘了健康也應該在其中占有一席之地。於是，過度的勞累，讓身體不堪負荷，許多因爲工作

所引發的職業病層出不窮。

有越來越多比例的工作人口，被發現承受過多的精神壓力，而嚴重影響到生命。

報紙上曾有過這麼一則報導，一位年輕有爲的青年，爲了準備結婚，所以提前在一個月內完成兩個月的工作分量，以挪出一段長假，但是卻在舉行婚禮的前幾天，被人發現過勞死在家中。

這是一則多麼令人傷痛的例子，我們爲什麼要讓這樣的事情不斷發生，總是要等到身體已經出現症候了，才肯休息，才肯到醫院診療？只能搶救生命最後的時間？

默爾看破了這個人生的迷障，所以他選擇急流勇退。

財富只需要剛好就夠了，在支用上不顯拮据其實也就是夠了。淡泊一點的人生態度，可以幫助我們看清我們眞正所需是什麼。

所以，爲了自己重視的人、事、物，學著多愛自己一點吧！

急流勇退是難得的智慧

如果說挑戰是對生命的發揚，那麼明智便該是另一種美好的境界，是對生命的愛惜和尊重。

每個人都有不斷往上爬的心理，試圖追求成功、追求卓越。然而，當自己拼盡了全力，達到了一定的目標，而自己的能力、體力也都到了一個極限時，應該要停下來想想，自己是不是需要再往上爬去？是要不顧一切地登上頂峰？還是乾脆地就此下山去？

有一位登山隊員，一次有幸參加了攀登喜瑪拉雅山的珠穆朗瑪峰活動，然而，到達六千四百公尺高度的時候，他終於體力不支，只好半途停了下來。

後來，當他講起這段經歷時，朋友都替他感到惋惜，認爲他當時爲何不再堅持一下呢？只要再攀一點高度，再咬緊一下牙關，說不定就能登上山頂了。

但是，他回答說：「不，只有我自己最清楚，六千四百公尺的海拔是我登山生涯的最高點，所以我一點遺憾都沒有。」

這是相當値得尊敬的想法。關於人生，我們總敦促著自己不要怕爬高，就怕找不到生命的至高點，然而，每個人也都有極限，總是有自己跨越不了的關口，那麼是否該就此罷手，讓自己得以保全，不致於因爲過度的勉強而粉身碎骨？

如果說挑戰是對生命的發揚，那麼明智便該是另一種美好的境界，是對生命的愛惜和尊重。

認識自己、不勉強自己，才對得起自己；做人做事，不只要懂得上台，更要知道如何下台。

有人說得好：「下台是爲了下一次登台做準備，不下這個舞台，又怎麼登下一個舞台？」

舞台上再怎麼精湛的表演，最後也要風光退場，結局才算完美；如果沒有認清自己的底限，強求的結果，或許會帶來殘缺的遺憾。

急流湧退，是人生難得的智慧，只要我們曾經拼盡全力地向上攀登，在自己的極限處戛然而止，就是恰到好處的決定，然後就能悠然而從容地下山去了。

懂得感恩，做事才會認真

能夠對每一粒米都懷著感恩的心的人，面對任何的人事物一定都能用相當的誠心去處理，進而對所有的事物負責。

一個人受過苦，便知道珍惜；一個在貧寒中長大的人，不會不知道勤儉的重要；一個自小就知道努力做事的人，不會不對自己和他人負責……

貧窮並不可怕，可怕的是人在貧窮中什麼也學不到，而且失去了身為一個人應有的自尊。

一個青年來到城市打工，不久因爲工作勤奮，而不斷晉升，最後被拔擢爲分公司的主管，他依然做得有聲有色，將公司管理得井井有條，業績直線上升。

某次，一名外商特地前來與他洽談合作項目，當會議結束後，他禮貌性地邀請外商共進晚餐。

晚餐很簡單，但幾個盤子都吃得乾乾淨淨，只剩下兩個小籠包子。他對服務小姐說：「請把這兩個包子打包。」

外商見狀，當場站起來表示明天就與他簽訂合約。

第二天簽約後，老闆設宴款待外商。席間，這位年輕主管與外商聊起自己的際遇，他說家裡很窮，父母不識字，但對他的教育卻是從一粒米、一根線開始的。父親去世後，母親辛辛苦苦地供他上學，並且一再告訴他說：「我不指望你高人一等，你能做好你自己的事就好……」

在一旁的老闆聽了，眼裡不禁滲出閃亮的液體，端起酒杯激動地說：「我提議敬她老人家一杯，敬你受過人生最好的教育！」

目前社會上充斥著享受富裕生活而不知珍惜周遭人事物的人，雖然他們看起來很成材，但是在某些事物上卻令人有種不負責任的感覺。

能夠對每一粒米都懷著感恩的心的人，面對任何的人事物一定都能用相當的誠心去處理，進而對所有的事物負責。這樣的人在處理工作事務上所付出的認眞，更是會令所有人感到佩服。也正因如此，這樣的人才會是所有企業者所希望網羅的，也是眞正令人佩服的成功者。

貧窮的家世，或許不能讓你享受富裕的物質生活，甚至可能在很小的時候就必須參與勞動的工作，但是，這並不影響一個人存在的價値，反而因爲有了生活的歷練，不會華而不實、光說不練，只會蓋了一座又一座的空中樓閣。

這名青年在父母的教育下，學會了惜福，學會了勤儉，學會了努力，學會了負責任。於是，在他還不過是個青年的時候，就已經開始慢慢地體會到生命的豐收，開始回收幸福。

惜福，是人生最大的富有

貧窮與富有，其實是來自於比較；因為有比較，所以有高低；因為有高低，所以才有欣羨與妒恨，也才造成了世間的紛擾。

許多人都認爲自己的生活遠遠比不上別人，吃得比別人差，穿得比別人寒酸，爲了一爭長短，不惜耗費各種代價，打腫臉充胖子，也不肯在任何方面輸人一截。

下面這一則小故事，或許能夠讓你有些不同的想法。

馬瑞．杜蘭家的門前來了兩個衣著破爛的孩子。

他們就這麼畏縮在後門邊，小小的聲音，怯生生地問著：「太太，請問您有舊報紙嗎？」

馬瑞．杜蘭正在忙著廚房裡的工作，本想直接說沒有，省得麻煩，可是不經意間，她看到了他們的腳。

兩雙細瘦、髒污的腳，穿著鬆垮的涼鞋，上面沾滿了雪水。

一時間，馬瑞．杜蘭的心不禁痛了一下。

「進來吧！我給你們喝杯熱可可。」

兩個孩子沒有答話，只是隨著馬瑞．杜蘭走到了熊熊的爐火邊，他們那濕透的涼鞋在爐邊留下了一道道痕跡。

她自火熱的爐上沖了兩杯可可，另外端來了吐司麵包和果醬，希望幫他們驅驅寒，然後回到桌邊繼續做著自己的事……

過了一陣子，她覺得屋裡安靜極了，不禁抬起頭看了一眼。只見女孩把空了的杯子拿在手上，楞楞地看著它，而那男孩用很平淡的語氣問：「太太……

您很有錢嗎？」

「我很有錢？當然不！我並不富有。」馬瑞．杜蘭低頭看了看自己略嫌寒酸的外衣說著。

女孩小心翼翼地把杯子放回盤子裡，輕輕地說：「您的杯子和盤子很配套。」她的聲音聽來帶點嘶啞。

他們就這麼走了，帶著準備禦寒用的舊報紙，沒有說一句謝謝。他們不需要說，他們已經做了比說謝謝還要多的事情——藍色瓷杯和瓷盤雖然樸素不起眼，但它們的確很配套。

馬瑞．杜蘭將馬鈴薯放入鍋中，再依序拌上肉汁，看著淺咖啡色的馬鈴薯和棕色的肉汁，在鍋裡微微地滾動著。她想到自己有一間小屋可住，丈夫有一分穩定的工作——這些事情其實真的都很配套。

她把椅子移回爐邊，拿起掃帚開始打掃房間；爐邊那道涼鞋踩出的泥印子，始終留著。她希望它們永遠留在那裡，好時時刻刻提醒自己，以免忘了自己其實是多麼富有。

貧窮與富有，其實是來自於比較。因爲有比較，所以有高低，因爲有高低，所以才有欣羡與妒恨，也才造成了世間的紛擾。

人的慾望，是永遠不會饜足的，看著別人光華炫麗的外在、享受錦衣玉食，不禁益發覺得自己缺乏，也益發感受到心有不甘。

就是這一分不甘心，讓人因此被逼著不斷追逐名利與權勢。

我們總是忙著向前比、向上比，目光變得愈來愈狹小，卻不知相較起自己身後的許多人來說，我們其實享有了足夠的富足。

隨著世界性的不景氣，許多人開始眞實地體會到了貧窮的感受，爲著未來而茫然不安。但我們可曾想過，其實有很多我們以爲理所當然，甚至是微不足道的事情，在某些人的心中，已是極其珍貴的幸福。

所以，不必急著體會生活的刻苦，倒是要多多珍惜眼前的幸福，這就是人生最大的富有。

發自內心的善良和體貼

很多的小處都可以洩露自己的秘密，別人很容易就可以觀察出你的處事態度。所以，如果打算改變別人對自己的看法，就要從根本做起。

一個在愛中長大的人，他最好的回報也是愛。

當愛促使一個人去完成一件困難的事，這便足以證明愛的力量！

在與自己無關的小事情上，也能體現出對別人體貼和關心的人，那麼，他所受到的愛的教育無疑是成功的。

一個女孩相貌平平，成績也很一般。她得知媽媽患了不治之症後，爲了減輕家裡的負擔，於是打算利用放暑假的這兩個月時間，出去賺錢貼補家用。

她來了到一家公司應聘，經理很快看了她的履歷，隨即沒有表情地拒絕了。女孩並不憤怒，只是默默收拾自己的物品，用手掌撐了一下椅子打算站起來告辭。

突然，她覺得手被扎了一下，看了看手掌，上面沁出了一顆紅紅的小血珠，原來椅子上有一根釘子露出了頭。

她所做的第一件事，並不是慌亂地要人爲自己包紮傷口，而是見桌子上有一塊石鎮尺，便拿來將釘子敲平，然後才轉身離去。

幾分鐘後，經理卻派人將她追了回來，告訴她，她被聘用了。

一般人對於對自己沒有很大的利益的事，往往不會去替別人在乎，但女孩卻沒有置之不理，反而在小小的敲釘子的舉動中，流露出的性格與發自內心的慈悲。

當一個人無私的去對待每一個人、每一件事時，那他一定可以周全地面對

每一項挑戰。

很多的生活細節都可以洩露自己的秘密，別人很容易就可以觀察出你的處事態度。所以，如果打算改變別人對自己的看法，就要從根本做起，因爲只要有一點點馬腳露出，就騙不了人的。

故事中的女孩雖然不發一言，卻清楚地呈現她體貼別人和爲人設想的態度，於是公司的經理願意相信一個這麼重視小處的人，在工作上一定可以加倍認眞，於是他給了她一個機會。

這可以說是幸運，但無疑是女孩珍惜生命的態度，所得到的回報。

誠實就是最好的謀略

誠實與欺騙都是做事的方法之一，都是智謀的手段，但是重要的是，如果你要說謊，就必須要連自己都騙得過，否則還是選擇誠實吧。

一個誠實的人，其實是最具有勇氣的，因爲他必須敢於面對事實和眞理，當別人含含糊糊、唯唯諾諾的時候，勇敢地指出眞相。

誠實比一切謀略都好，而且它是爲人處世的基本條件。

有一分工作需要招募人才，先後來了四個人應徵。招聘條件欄中，有一項

是必須具備兩年以上的工作經驗。

前三位應徵者都聲稱自己有類似的工作經驗，但在公司主管一一詢問之下，很快顯示出自己對這一行的無知。

最後來了一位剛畢業的大學生，他坦率地對公司主管說，自己並不具備這方面的工作經驗，但對這項工作很感興趣，並且有信心經過短暫的學習之後能夠勝任，公司主管最後錄用了他。

這個剛踏出校門的大學生曾和那個公司主管有過一段對話。

主管提起：「很多求職的人在介紹自己的情況時都不誠實，為什麼你能夠誠實相告呢？」

他回答小時候的經驗，有一次他撿到了錢，奶奶問起時，他撒了謊。奶奶朝他的屁股上重重地打了一下，然後告誡他：「窮不可怕，只要你誠實，你就有救！」

他對主管表示，自己永遠記得奶奶說的這句話。

欺騙是一個手段，但我們可曾深思說謊的目的究竟是爲了什麼呢？

這個大學生因爲自己過去的經驗而不說謊，在這個故事中，正好符合了這個招聘者的喜好。

但是，有時候我們卻爲了讓事情順利發展而不得不說謊，就如同前三位應徵者，他們說謊的目的不就是希望能夠得到這分工作嗎？

另外三位應徵者對於這分工作所表現出來的慾望應該更高，卻爲何反而會得不到認同呢？

答案當然就是，他們只會說謊而已。因爲，就算沒有實際的經驗，但對這分工作內容的各種相關資訊，都可以事前先深入了解，心中有譜，就不怕一問三不知，而且只要表現了相當的熱忱，絕對可以同樣獲得別人的賞識的，可是他們沒有，這就是他們不足之處。

誠實與欺騙都是做事的方法之一，都是處世的手段，但是重要的是，如果

你要說謊，就必須要連自己都騙得過，否則還是選擇誠實吧，至少那還為自己保留了一項可取之處。

我們所做的任何選擇都必須付出代價，如果你想得到預期的結果，就得相對的付出努力，至少要讓人看見你的努力，如果眞的只有心想就能事成的話，那麼人們就不須這麼汲汲營營於生活了。

所以，給自己一個鼓勵吧！盡力去做，適度表達，便能更接近成功。

不要輕易放棄做得到的事

不要輕易放棄自己做得到的事，因為當我們做得到卻停下腳步時，日後我們將為這個停步而感到後悔，甚至也可能為這個決定付出代價。

在我們生活周遭，常會發生一些需要我們伸出援手的事情，但大部分人的心態都是：「總會有人會去付出，不差我一個」。事實上，如果每個人都是這樣的想法，最後便沒有任何一個人會有所行動。

有一位醫學院的教授，曾在面對學生演講時，說了這個故事。

在暴風雨後的一個早晨，一個男人來到海邊散步，看到沙灘的淺水窪裡，有許多被海浪捲上岸來的小魚。牠們被困在淺水窪裡，回不了大海了，雖然大海就近在咫尺。

被困的小魚，也許有幾百條，甚至幾千條。用不了多久，淺水窪裡的水就會被沙粒吸乾，被太陽蒸乾，這些小魚都會乾死的。

男人繼續向前走著。他忽然看見前面有一個小男孩，走得很慢，而且不停地在每一個水窪旁彎下腰。男人發現，他正抓起水窪裡的小魚，用力將牠們扔回大海。

終於，男人忍不住走過去，對小男孩說：「孩子，這水窪裡有幾百幾千條小魚，你救不了的。」

「我知道。」小男孩頭也不抬地回答。

「哦？那你爲什麼還在扔？誰在乎呢？」

「這條小魚在乎！」男孩兒一邊回答，一邊撿起一條魚扔進大海。「這條在乎，這條也在乎！還有這一條、這一條、這一條……」

這位教授說完故事後，語重心長地對台下的學生說：「今天，你們在這裡開始大學生生活。你們每一個人，都將在這裡學會如何去拯救生命。雖然你們救不了全世界的人，甚至救不了一個省、一個市的人，但是，你們還是可以救出一部分的人，你們可以減輕他們的痛苦。因爲你們的存在，他們的生活從此有所不同，你們可以使他們的生活變得更加美好。這是你們能夠並且一定會做得到的。在這裡，我希望你們勤奮、努力地學習，永遠不要放棄！記住：這條小魚在乎！這條小魚也在乎！還有這一條、這一條、這一條……」

有時候，我們會有太多的藉口告訴自己，那是我無能爲力的事情，於是只在一旁冷眼看著一切事情發生，而不給予任何的幫助。

這名教授要勸導的是一群即將披上白袍、站上手術台的準醫生們，因爲他們或許不是神，沒有辦法拯救每一位前來求醫的人，幫助他們遠離痛苦，恢復健康。但是，在殘酷的現實下，如果他們先放棄了，那麼病人就一點機會也沒

有了。

我們必須尊重每一個生命的形式，倘若我們都能心存著「這條小魚在乎」的心態，至少我們會盡力救下眼前的這條小魚，如果我們能爲這個世界投入一點改變，或許世界將會因而更加溫暖。

不要輕易放棄自己做得到的事，因爲當我們做得到卻停下腳步時，日後我們將爲這個停步而感到後悔，甚至也可能爲這個決定付出代價。

因材施教，營造學習的動力

我們所做的每一個決定，都會影響到別人，廣義地說，甚至會影響到世界。只是一個做法的調整，就改變了一個孩子的未來。

在求學的路上，很多人會因一時摸不著頭緒，於是對於課堂上的知識消化不良，長久下來，成爲標準差以下的學生。

一旦發生了這樣的景況，便是一個孩子面臨人生殘酷的開始，如果沒有人及時拉他一把，將會使一個掉落無助深淵的人就此沉溺。

有一名小學生，在課堂上老師提問的時候，總是會舉手，但是當老師叫到他的名字，要求他答問時，卻總是答不上來，引得全班同學大笑不已，場面尷尬至極。

有天下課後，老師把他叫來，問他爲什麼要這樣。他囁嚅了一陣，說，如果老師提問時他不舉手，同學會在下課的時候嘲笑他是傻瓜。

看著他泛紅的眼光，老師和他約定，下次上課的時候，當他眞會的時候就高高地舉起左手，而不會的時候就舉起右手。這樣一來，老師就可以決定要不要叫他的名字。

神奇的是，隨著時間過去，漸漸地，他越來越常驕傲地舉起他的左手，當老師讓他回答問題的時候，他也越來越從容、越來越有自信。

於是，這個原本極有可能在嘲笑中沉淪的孩子，後來脫胎換骨，成了一名優秀的學生。

我們所做的每一個決定，都可能會影響到別人，廣義地說，甚至會影響到世界。

就像故事中的那位老師，只是一個做法的調整，就改變了一個孩子的未來。當嘲笑的眼神轉變成欣羨的神情，在男孩心中的感受已有了極大的不同，隨著對自己的表現滿意，增加了自信，也對課堂上的內容產生興趣。為了要能順利地答出老師的提問，課前就必須多加準備，上課中便得認眞聽講，而課後更要詳加複習，能這麼做的話，成績如何能不進步？

關心與鼓勵，是每一位師長的責任，如果我們期望孩子能在學業和品德上有所表現，我們便有責任為他們安排安心的學習環境，使他們能夠自主學習。

教育的目標，或許相同，但是教學的方法卻沒有固定的模式。

這並不表示師長必須去討好學生，而是我們必須去思索、去觀察每個孩子的個別差異，因材施教，以使每個孩子能夠眞正從中得到收穫。

生活良品

68

改變心態，就能改變事情好壞

作　　者　黎亦薰
社　　長　陳維都
藝術總監　黃聖文
編輯總監　王郡凌
出 版 者　普天出版家族有限公司
新北市汐止區忠二街 6 巷 15 號
TEL / (02) 26435033 (代表號)
FAX / (02) 26486465
E-mail：asia.books@msa.hinet.net
http://www.popu.com.tw/
郵政劃撥 19091443 陳維都帳戶
總 經 銷　旭昇圖書有限公司
新北市中和區中山路二段 352 號 2F
TEL / (02) 22451480 (代表號)
FAX / (02) 22451479
E-mail：s1686688@ms31.hinet.net
法律顧問　西華律師事務所・黃憲男律師
電腦排版　巨新電腦排版有限公司
印製裝訂　久裕印刷事業有限公司
出 版 日　2023 年 5 月第 1 版
I S B N◉978-986-389-865-8　　條碼 9789863898658

國家圖書館出版品預行編目資料

改變心態，就能改變事情好壞／
黎亦薰著.一第 1 版.一：新北市,普天出版
2023.05 面；公分. - (生活良品；68)
I S B N◉978-986-389-865-8 (平裝)

普天之下・盡是好書

普天出版家族
Popular Press Family

凌雲文創
A-Plus Creative Company